U1015081

纵横百家

让 学 术 亲 近 大 众

中国的人文信仰

楼宇烈 著

中国大百科全书出版社

图书在版编目（CIP）数据

中国的人文信仰 / 楼宇烈著 . — 北京：中国大百科全书出版社，2021.7
ISBN 978-7-5202-1022-5

Ⅰ . ①中… Ⅱ . ①楼… Ⅲ . ①信仰—民族文化—中国—通俗读物 Ⅳ . ① B933-49

中国版本图书馆 CIP 数据核字（2021）第 142071 号

出 版 人 刘国辉
策 划 人 曾 辉
责任编辑 曾 辉
特约编辑 孙国柱 徐国萍
责任印制 魏 婷
封面设计 今亮后声
出版发行 中国大百科全书出版社
地 址 北京阜成门北大街 17 号
邮政编码 100037
电 话 010-88390969
网 址 http://www.ecph.com.cn
印 刷 中煤（北京）印务有限公司
开 本 880 毫米 ×1230 毫米 1/32
印 张 9.5
字 数 181 千字
印 次 2021 年 8 月第 1 版 2022 年 12 月第 2 次印刷
书 号 ISBN 978-7-5202-1022-5
定 价 68.00 元

本书如有印装质量问题，可与出版社联系调换。

目录

第一章——什么是人文精神

第二章 —— 人文信仰的精神特质

第三章 —— 人文信仰的价值关怀

第四章 — 人文信仰的现实意义

第五章 — 科学时代的人文信仰

第一章

什么是人文精神

观乎人文，以化成天下

与西方文化相比，以人为本的人文精神是中国文化最根本的精神，也是一个最重要的特征。中国文化不是靠外在的神或造物主，而是靠人本身道德的自觉和自律，强调人的主体性、独立性、能动性，这就是中国文化以人为本的人文精神。

在中国文化中，最初我们看到人文的概念是跟天文相对来提的。人文一词，从现在能够查到的资料来看，最初出现在《周易》里。其中说："刚柔交错，天文也。文明以止，人文也。观乎天文，以察时变；观乎人文，以化成天下。"后来很多的思想家和学者，都对这句话做了解释。比如三国时魏国的王弼（226—249）就解释说："止物不以威武，而以文明，人文也。"就是说如果能不用武力而用文明来使得天下万物各得其所，这就叫作人文。到了唐代，有个大学者叫孔颖达，他又对这句话做了解释，他说："观乎人文以化成天下者，言圣人观察人文，则诗书礼乐之谓，当法此教而化成天下也。”就是说，圣人观察了“人文”，他就要以诗、书、礼、乐来教育天下的众生，使得社会达到一个和谐的状态。

“文明以止，人文也”，这个人文是与天文相对的。天文指的是天呈现的那种刚柔交错的状态，或者是阴阳消长。相对的，人类社会呈现的现象是什么？是文明以止。接着《周易》又讲“观乎天文，以察时变”。我们观察天所呈现的刚柔交错、阴阳消长的状态，就可以清楚地看到四时的变化。那么“观乎人文，以化成天下”的意思是，我们通过对人文的观察，就可以让天下构建有序而和谐的状态。所以，中国人讲“人文化成”，其实就是说我们的教育首先要围绕人文展开。只有这样，我们的社会、天下才能够有序、和谐、上下一致。而要了解中国最原初的人文的含义，就要了解何谓文明以止。这里的“止”主要是指每个人应止于何处。因为在社会里，每个人都会有一个称号、一个身份。那么我们应该“止”于何处呢？

“为人子，止于孝；为人父，止于慈。”每个人都应当明白自己的身份，按照自己的身份来做人、做事，尽自己的职责，处理好跟别人的关系，规范好自己的言行举止，这就是“止”的含义。这里面有一个很重要的问题，就是身份的认同。人文的落脚点是让每个人都能够明白自己的身份，知道自己身份该尽的职责、该处理的关系以及该遵守的规范。可是要怎样才能让人认识并做到这一点呢？要用文明，所以叫作文明以止。文明以止，是人类的一种进步，可以让人与动物区别开来。

先秦的儒家思想家荀子曾经把天地万物分成四类。他说：“水火有气而无生，草木有生而无知，禽兽有知而无义，人有气有生有知，亦且有义，故最为天下贵也。”荀子在这儿用比较的方法，从现象上说明了为什么天地万物中间人是最贵的。《尚书》中也有这样的说法，“惟天地万物父母，惟人万物之灵”。这个灵是指人的一种能动性，除人之外的其他万物无论多厉害，都只能遵循现有的条件和行为准则，而不似人可以改变、突破自己的生存环境。如冬天冷，我们就盖房子以避寒；夏天热，我们就装空调以取凉。这就是人与其他万物的差别，人具有一种能动性、主动性。也正因为此，人更应当认识自己、管好自己。这是中国人文文化的一个根本特征，也是它的核心点，即以人为本。

显然，人文就是不以武力，而以一种文明的办法，以诗书礼乐来教化人民，由此建立起一个人伦有序的理想的文明社会。这便形成了中国传统文化中两个十分显著的特点。

一是高扬君权，重视师教而淡化神权。中国古代最崇敬的是“天地君亲师”，“天地”是万物的生命之源，“亲”是某一类生命的来源，代表的是某一类的祖先。而“君”（国）和“师”是教化的根源。在中国文化中，那种至高无上、全知全能的神是没有的。在中国历史上，神权从来没有超过王权。

二是高扬明道正谊，强调人的道德的自我提升和完善。既然人在天地万物中是最有主动性和能动性的，那么人自身的提升就是最根本的。所以在中国文化中，明道、正谊、节制物欲、完善自我人格的观念深入人心。

中国文化最根本的特征就是以人为本，以人为中心，体现出一种人文精神，这种人文精神主要是通过传统的礼乐教育来完成的。于是，“观乎天文，以察时变”，通过对天文刚柔交替的观察，来发现万事万物的次序变化。“观乎人文，以化成天下”，人文化成是中国文化中最核心、最根本的内容。人文化成，即通过礼乐教育来改变人的习性，形成一个整体、和谐的社会环境。中国教育的最终目的就是“化民成俗”，它不在于传授知识，而在于形成良好的习俗。比如诚信，既不自欺也不欺人，做事情尊重自己也尊重别人。所谓“建国君民，教学为先”，治理国家管理民众，需要教育，需要以人文来“化民成俗”。这就是中国传统文化最根本的特质，今天我们要继承和发扬传统文化，不仅不能丢弃这一特质，还是我们极其需要的。

以人为本的人文精神

在中国文化中，自西周以来就奠定了以人为本的文化精神和文化品格，而西方直至欧洲启蒙运动时期才高举起人本主义的旗帜，启发人不要做神的奴隶，要做人自己。它的思想来源之一是古希腊罗马文化，而更重要的来源是 16 世纪以后传教士们从中国传回去的以人为本的人文文化。他们以中国的人本思想去批判欧洲中世纪以来的神本文化，高扬人类理性的独立、自主，认为中国是一种最理想的社会。由此可见，欧洲的人本主义是从中国传过去的，且受到中国文化很大的影响。

西方人利用中国的人本思想去冲破中世纪神学文化的束缚，并将人的作用放大，使人从神的脚下站起来，并去主宰一切，继而改造世界、征服自然。20世纪的两次世界大战，追究战争发生的最终目的，无非是资源财富的争夺。人为了得到资源和财富，而不顾道德、不择手段地去相互残杀。人完全被物欲所左右，人又一次自我异化，丧失了人的主体性、独立性和能动性，而沦为了物的奴隶。因此两次世界大战后，西方一批有见识的思想家，又一次提出了要确立人本主义，高举起新人本主义的大旗，而且几乎一致地认为，这种新人本主义的思想资源要到中国传统文化中去汲取。

在西方传统文化中，当人从神的脚下站立起来后，人的主体性、独立性、能动性得到肯定，人就要替代神来主宰天地万物了。随着理性的肯定、科学的发展、科技力量的增长，人们喊出了“人定胜天”的豪言壮语，认为人类应当而且能够征服自然、改造自然，并且在作为人类理性力量的成果——科学和技术的日益发展、进步下，“科学主义”“科技万能”的思想日益滋长。人类自以为凭着人类理性的力量，科学、技术的力量，可以随心所欲地去征服自然、改造自然、主宰宇宙。原来与神本文化相对的人本主义逐渐被异化为人类要去主宰天地万物的

"人类中心主义"了。而人类对自然的征服与改造，又异化成了对自然资源财富的过度开发和掠夺，使人沦落为物欲的奴隶。这也是现代西方社会批判"人类中心主义"思想的根本原因。

然而，在中国文化中，以人为本的人文文化却不会异化为"人类中心主义"思想，其原因在于中国文化中存在一种"以天为则"的传统。中国人讲"天人合一"，尊重自然，顺从自然，这是中国文化的根本特点。其核心就是决定人命运的根本因素是人自己的德行，以"德"为本，而不是外在的"天命"。为了保持和不断提升自我德行，就必须防止物欲的引诱和腐蚀，人不能成为物的奴隶。《荀子·修身》中有云："君子役物，小人役于物。"意思是说，君子能够控制和管理物，而小人就会被物控制住。所以人绝对不能去做万物的主宰，相反，恰恰是要向天地万物学习。中国人非常强调以天地为榜样，向天地学习。如果去孔庙，人们就可以看到，我们是用"德配天地""德侔天地"来赞扬孔子的。圣人的品德能够与天地相配，与天地一样高明博厚。道家讲的"道法自然"也是这样。"自然"不是现在自然界的概念，而是说事物的本然，是自然而然、本然的状态。"道法自然"就是强调人应尊重事物的本然状态。

我们不仅要向天地学习，还要向万物学习。"离离原上草，一岁一枯荣。野火烧不尽，春风吹又生。"这是要人们学习小草坚强的生命力。而最值得人学习的物，是"水"。老子《道德经》中说："上善若水。"就是说，水具有最高的品德。很多书里记载孔子遇水必观，中国最注重向万物中的水学习。水总是往下流，普润万物，从来不居功自傲、要求回报，这是谦虚的品德。水也能够包容万物，它没有自己的形状，而是随器赋形。水还有坚韧不拔、以柔胜刚的品德。水滴石穿，最柔弱的水滴穿了坚硬的石头，就是因为水有坚韧不拔、坚持不懈的精神。古人说女人是水做的，女人柔弱，可她又有一种韧劲儿。以柔克刚，刚柔相济，这是双赢。很多人认为老子的自然无为是无所作为。其实，无为者非不为也，“推自然之势”“辅万物之自然而不敢为”。辅助当然要有动作、行为，但不敢以自己的私志、嗜欲去干预事物，不仅要遵循事物本然之理，还要看其所依靠的环境、条件是不是成熟。所以说，自然无为恰恰是积极的有为。

因此，在中国文化中，一方面强调人不能做神的奴隶，也不能做物的奴隶，而要做人自己，保持人的主体性、独立性和能动性；另一方面也强调人不能狂妄自大、去做天地万物的主宰，而是要虚心地向天地万物学习，尊重自然，顺应自然。这就是中国文化中“道法自然”“天人合一”的优秀思想。

文明就是教化

“文化”这个词最初跟“物化”相对，文化是用文的方式去变化，物化是用物的方式去改变。文明呢，就是相对于野蛮、原始质朴而言，用文来明。《论语》中有这样一段话：“质胜文则野，文胜质则史。文质彬彬，然后君子。”在中国文化里，文明就是教化，而教化的核心是让每个人都能够明白自己的身份；不光明白自己的身份，还要认同自己的身份；不光认同自己的身份，还要以此规范自己的言行举止。所以，通过教化，让人明白做人的道理，规范人的言行举止，去改变很多不良的社会习俗，来构建和谐的社会秩序，这就是中国人文教育的意义所在。而教化的对象就是人，以人为本。

宗教是一个历史性概念

一、西方的宗教发展演变

宗教学研究对象是宗教，那么，宗教是什么呢？关于宗教的定义各式各样，不管是教界也好，学界也好，至少有几百种不同的定义，很难有一个非常确定的定义来界定“宗教是什么”。然而，不仅仅是宗教学，其实所有的学科，甚至可以说所有的现象，当我们说“它是什么”时，为了使某个问题明确起来，常常只是就它的一个方面来讲，舍弃了其他很多方面，我们就某个方面说“它是什么”，其实只是给出一个相对的定义，而并不是非常全面地界定该事物。所以往往对不搞这门学科的人，问题还相对简单清楚，而对于研究这门学科的人，反而会觉得问题不是那么简单，一个概念并不能完整明确地表达“它是什么”，我们更无法按照这个定义去套一切与它相关的问题。

其实我们讲的许多概念，都是一个历史性的概念。也就是说，它是变动的，非静止的。这种变化不仅有时间上的，也有空间上的。当我们说这个东西是什么时，一定是在一定的历史时期、文化背景、地域下这么说。如果我们换一个历史时期，换一个地域，换一个文化背景，就可能有不同的说法。

近代以前的西方，宗教就是生活

宗教也是一个历史的概念。有人说，过去哪有宗教学？为什么会产生宗教学？过去宗教就是生活，特别在西方，谁去讨论宗教生活？宗教就在生活里面，生活就在宗教里面，不会去讨论这个问题。只有当感觉到宗教和我们的生活不一样了，才会想到去讨论，形成宗教的概念，它本身也是一个历史的过程。中国历史上，既讲佛教，也讲道教、儒教，直到近代以前，儒教、道教、佛教还相提并论，并不忌讳儒教这个词，但最近几年，我们常常听到一个争论，儒家是不是宗教？中国人现在对宗教有强烈的意识，认为宗教和一般文化是不一样的。事实上，我们现在的宗教观念，对宗教这个概念的理解，是到近代才开始提出的，我们现在讲的“宗教”确实和近代以前的“教”含义不同。20 世纪二三十年代开始，人们才非常忌讳儒教这个称呼，讲到“儒”的著作都称为儒家，儒家是学术，不是宗教；是思想，不是宗教。为什么呢？人们就是怕与宗教混为一谈。所以一直到现在，有些学者坚持认为儒家不是宗教，也有学者坚持认为儒家就是一种宗教，双方各执一端，原因就在于，我们对于宗教这个概念的理解不同。我们现在对宗教的理解完全是西方近代以后所形成的一种理解，这是值得注意的问题。为什么要特别强调这一点呢？因为搞清楚这个历史变化，对我们反思、研究宗教现象，都会有帮助。

西方（主要指欧洲）中世纪时期，古希腊罗马文化在某种程度上中断之后，基督宗教文化占据主导地位，进入了神权至上的时代，这在欧洲历史上常被称为黑暗的时代，后来的欧洲思想家称其为神权占绝对统治地位的时代。在这个时代，欧洲就是基督宗教的世界，但是基督宗教里也有很多不同的派别，比如说新教出现之前，基督宗教中就有一支分裂出来，我们现在称为东正教。东正教现在世界上还有相当的影响，很多东欧国家，包括俄罗斯都是信仰东正教，在中国的内蒙古及东北等地区也有东正教。东正教从整个基督宗教中分裂出来，形成一个派别之后，和基督教、天主教都有所不同，但总的来讲，欧洲还是基督教占主导地位。在欧洲实际上就出现了这样一种现象：一方面，神权主导一切，王权都要听命于神权，听命于宗教；与此同时，宗教又担负着整个社会的教化功能。这种传统一直延续到现在，我们知道现在的西方国家，学校主要负责知识的教育，而关于做人的道理的教育，也就是我们常说的道德教育，则主要是由宗教来承担，通过宗教的文化进行道德教育。

“教”承担着教化功能

在近代以前的西方，宗教所起的作用其实就是道德教育，它是通过神的形式、人神的关系来进行道德教育。从这个意义上讲，它跟中国传统的三教，特别是儒家，意义上相当接近。我们讲“教”就是一种教化，我们很强调宗教是一种信仰，而教化是一种教育；强调不是通过信仰来教育，而是通过理性来教育。可能这里面的确有一些差异，但是，从它的社会功能来讲，“教”的内涵是相近的。而且就欧洲来讲，整个社会本身都是宗教，可以说人的一生都处在宗教的环境里，出生就要到教堂里受洗礼，接着登记入户口，从此，一生的婚丧嫁娶、生老病死，教会就都给管起来了。对于当时的欧洲人，宗教就是生活，生活就是宗教，他们不存在“宗教是什么？”这样一个问题。

当时在欧洲，跟宗教相对的是什么呢？是“非宗教”。或者说，他们认为基督教才是真正的宗教，是正教，其他的是邪教，当时跟宗教相对的是邪教。这也是很普遍的，在中国，儒家也讲“异端”。孔子的一个弟子，学习、研究其他的思想，孔子就说这个弟子是“攻乎异端”，让弟子们“鸣鼓而攻之”，打着鼓赶走他；孟子也称“杨朱墨翟”是异端。所以，当时在欧洲，宗教主要是关乎正邪区别的问题，主要是区别正教和邪教，它的作用都是为了教化民众，它是比较接近中国传统中所讲的“教”的。欧洲宗教中同样包含着经典、礼仪、风俗、习惯等等方面，中国的儒教也是这样，儒教有没有经典啊？有！“五经”就是儒教的经典，特别是《礼记》。我们从《礼记》里面就可以看到，其中也讲到婚丧嫁娶，可以说是非常相似的。当然，也有明显的区别，中国的教，尽管排斥异端，但终究比较宽容；而在西方，基督教的排他性相对更强，若不符合基督教的教义，一律被判为邪教，一律要彻底铲除，要被送上断头台。中国虽然也有过这样的情况，但总的来说比较宽容。其中的原因很复杂，但有一个很明显的原因：在欧洲，当时神权、教权高于王权，它决定一切；在中国，从来没有出现过神权、教权高于王权的情况，神权、教权都要受王权的统治，而王权为了维护其本身的利益，不会单纯扶植某个宗教，排斥其他宗教，它会寻求共同发展，讲求平衡之道。总体看来，“教”是负责对民众的教化，这是中西方共同的地方。当然，它们教化的内容是不同的。

传教士促成宗教概念第一次发生变化

但是到了近代，情况发生了变化。在某种程度上，欧洲的宗教概念的变化和中国文化有相当密切的关系，为什么这么说呢？16、17世纪时，一批欧洲的传教士来到中国，他们发现中国的文化很特殊。对于西方来讲，只有基督宗教是正的，凡是跟基督宗教不符合的，一律被宣判为邪教。可是，他们到了中国以后，发现中国有不同于基督宗教的东西，它宣扬的内涵与基督宗教不一样。但是，中国用这样一种文化，把国家治理得不错，而且延续了几千年，如果简单地把它说成是邪教，西方人觉得也行不通。中国的文化非常强调道德的问题，包括每个人的道德修养和整个社会的道德准则，对君主的要求也是以道德为根本的，中国文化是一种重视道德、强调人自觉性的文化，而神的观念很淡薄。然而，当时一批欧洲的天主教传教士对中国文化有个误解，认为中国古代有宗教，因为中国古代有“帝”或“上帝”的名称，他们就认为这个“帝”和西方的上帝是一样的，认为中国古代也是信神信宗教的，而后期的宋明理学只讲“天理”，没有人和神的概念，所以不行了，但也不可简单地称之为邪教。这批传教士把当时见闻的中国文化，包括中国的经典，像《易经》《论语》《孟子》传回欧洲，有些还翻译成了欧洲各国的文字，这些东西对欧洲当时的社会、对当时的一批思想家产生了非常大的影响。他们发现在基督宗教理念支配之外，还有基于另一种理念上的社会存在，他们感觉这个社会比完全用基督宗教来统治的欧洲社会更有优越性，是以人为本的。

欧洲的“人文主义”的诞生，很大程度是受到了中国文化的影响。他们认为中国文化不属于欧洲基督文化的范围，这是一种什么样的文化呢？他们认为，这是一种没有神的世俗社会的文化，于是就开始出现宗教作为一个非世俗的、出世的、彼岸的文化与世俗文化相对应的这样一个概念。注意这里有个变化，原来宗教是以正教和邪教来分别，现在接触到中国文化之后，发现了不以神为本的文化，而是以人为本的文化来治理的社会，这就是世俗的社会，所以这个时候宗教就变成了非世俗的，变成了关乎世俗和非世俗的对比。我们常讲宗教是出世的、超世俗的，我们现在接受的，是这样一个宗教概念。这个宗教就是因为近代西方接触到了中国文化，宗教概念第一次发生了变化，不再以正邪来区分，而是以世俗与非世俗来区分，宗教就成了非世俗的。至今这还是一个很尖锐的问题。在我们中国，拿佛教来讲，它提倡“人间佛教”，很多人认为人间佛教就变成世俗化了，佛教本身出世的品格如何保持？这是大家十分担忧的一个问题，所以很多人反对“人间佛教”的提法。

实证科学促成宗教概念发生第二次变化

欧洲启蒙运动以后，宗教概念发生了第二次变化，随着实证科学的发展，强调一切要以理性为主，启蒙运动就说一切都要让理性的法庭来重新检验，理性是最高的权威，一切非理性的都被宣判为非科学的，宗教也变成了与科学相对立的。科学是理性的，宗教是非理性的；科学是揭示真理的，宗教是让大家盲从的、愚昧的。

总之，近代以来，宗教概念经历了两次变化，成了跟世俗相对立、同科学相对立的概念。欧洲启蒙运动之后，西方就出现了排斥宗教、批判宗教的思潮，提倡所谓的唯物论、唯物主义，大部分启蒙思想家都批判宗教、反对宗教，把宗教看成导致人们盲从、愚昧、迷信的东西，于是就有了“宗教是精神鸦片”这样一种说法，这在当时的欧洲相当普遍。明白了宗教概念当年经历的这两次变化，那么，中国对宗教的认识是如何转变及变化的呢？

二、宗教概念在近代中国

随着中国学习西方文化，西方的思想理念传入中国，促成了中国的新文化运动。新文化运动是从 20 世纪初（1915 年）开始，紧接着 1919 年发生了五四运动。在新文化运动中，主流都是接受了西方启蒙运动以来、实证科学发展以后的宗教概念，排斥、批判宗教，当时曾成立了一个“反宗教大同盟”，可以说当时著名的、先进的学者都加入了。比如说北大校长蔡元培、胡适两位先生，另外还有大批的文化名人都加入了同盟。不仅外来的宗教被排斥，中国传统的“教”也被否定了。正如前面说过的，到 20 世纪二三十年代，所有涉及儒的思想、研究儒的学术成果都将儒教改为儒家。当时就出现了对宗教认识的问题，总的趋势就是反对、排斥宗教。当然，也有人对宗教有另外的认识，提出要正确地认识宗教。总体而言，在当时大家所持的宗教概念下，很多思想家就认为，中国人是没有宗教信仰的。

“宗教”这个概念传到中国，最初把 religion 这个词翻译成“宗教”的是日本人，我们接受了这个翻译。“宗”和“教”这个概念在中国历史上有没有呢？当然是有的，但都是分开来用的。佛教各个宗派里面分成了“教下”和“宗门”，教下指天台、华严、净土这样一些宗派，宗门主要指禅宗。教下和宗门是两个不同的佛法传承系统，教下主要是根据经典来传承佛所说的法，而禅宗则是“以心传心”，不通过经典文字来传授佛法。“宗教”这两个字有没有连在一起用的呢？在佛教里面也有会通宗和教，自宋代以来就强调不能把宗与教隔离开来、分裂开来，教也要参禅，禅也要读经。明代有个和尚写过一部书，叫作《宗教答响》，“宗”“教”两个字连在一起，但它的意义还是指佛教内部的教下和宗门，并没有西方 religion 的意思，日本人把它对应翻译过来，中国人就借鉴过来了。在这样的背景下，当时人们在讨论中国人有没有宗教的问题，大致有几种不同的认识：有些人认为中国传统上是有宗教的；有些人认为中国传统上没有宗教，中国的儒家不能称之为宗教，道家也不能称为宗教，中国历史上没有宗教，这是两种主要的意见。另外还有人认为，不管中国历史上有没有，关键是我们现在要不要宗教？关于这个也有两派人，有的人认为需要，有的认为不需要。总而言之，有的人认为中国历史上有宗教，我们现在还需要宗教；有的人认为，即使中国历史上没宗教，我们现在也需要宗教；有的人则说，中国历史上有宗教，但是我们现在不需要宗教；还有人认为，中国历史上没有宗教，我们现在也不需要宗教。

从器物之学、制度变革到思想观念的转变

不可否认，从我们现在了解的“宗教”意义上讲，中国历史上“宗教”这个观念确实非常淡薄。我们现在讲宗教，常常是以基督教为参照物来讲的，常常是以基督教的价值作为参照来研究，然而这里还是有些不同的，这是我们面临的一个很大的问题。近代很多思想家、革命家都认为“中国历史上不管有无宗教，我们都需要宗教”。比如发动“戊戌变法”的领导人康有为，他认为中国历史上可以说有宗教，现今中国迫切需要宗教。因为中国近代历史经过了一个向西方学习的过程，是一步一步渐进的，第一步是学习西方的器物文明。第一次鸦片战争中国战败，割地赔款，人们总结经验教训，当时认为中国没有强大的军舰和枪炮。所以，鸦片战争以后，很快就出现了曾国藩、张之洞、左宗棠、李鸿章等人倡导的“洋务运动”，他们首先学习西方物质文明、器物文明。当时著名的思想家魏源，他就提出了很著名的口号“师夷之长技以制夷”，学习西方的长处、技术，来制服洋人。所以“洋务运动”成立了制造局、翻译局，学习西方科技，制造枪炮军舰，大量翻译西方著作。然而，在“洋务运动”的带领下搞了三十年建立起来的北洋水师，可谓船坚炮利，没想到 1894 年中日甲午战争，北洋水师全线溃败，损失极为惨重，国人方才意识到光学器物不行，西方之所以强大并不在它的器物，而是在它的制度——“君主立宪”“民主共和”。当时有两个模式，英国是君主立宪，法国是民主共

和，而中国是封建专制，所以需要改革。当时一批人起来要推翻满清王朝，康有为、梁启超、谭嗣同等人主张君主立宪，实行了“戊戌变法”；另外，孙中山、章太炎等人主张民主共和，领导了“辛亥革命”，他们都是想要从制度上去变革。但是我们知道，制度上的改革，基本也是以失败告终。“戊戌变法”搞了一百天的维新变法，一百天后彻底复辟，光绪帝被软禁，唯一留下来的成果是京师大学堂，一百天的新政全部被慈禧太后废掉。辛亥革命是一下子将清王朝拉下马，但成果很快就被袁世凯窃取。袁世凯复辟，张勋复辟，之后军阀混战，辛亥革命的成果最终也没有了。所以国人又反思我们的“器物不行，制度改革也不行”，但更关键的是思想意识、价值观念有问题，于是又产生了“新文化运动”。

康有为等人看到西方之所以强大，在于他们的意识和观念，整个西方有一种凝聚民众的精神力量——宗教，所以它才如此强大，西方有统一的基督教来凝聚民众的精神。中国呢？一盘散沙，没有凝聚力，特别是在当时，中国原有的伦理道德被批判和打垮了，靠什么来凝聚人心呢？所以康有为提出“尊孔保教”，认为中国需要宗教，根据中国传统文化的特点，他说，最好是把儒家变成“孔教”，并且他提出要以孔教为国教。他认为，现在我们都羡慕欧美，清楚地知道欧美之所以强盛，不仅仅在于它的政治、物质这些方面，还在于它具备“人心风俗之本”。西方国家依靠基督教来教化民众，他说“基督提倡尊天养魂”，尊重上帝，养自己的灵魂，“戒恶劝善”，这个精神在欧美推行了一千多年，效果非常明显，中国也要学这个东西。他说，有的人以为法国大革命废除了宗教。其实这是误解，法国大革命之后，只是废除了旧教，而基督教“尊天”是没有被废弃的。他说：“天下岂有无教而可为国哉？”一个国家没有宗教，是不可能成其为一个国家的。他非常强调宗教的道德教化功能，他说，政治、物质及教化，就像一个鼎有三个足，不可偏废，而政治和教化就像一驾车的两个轮子，更是缺一不可。事实上，康有为把宗教看成一种教化，他这种看法跟欧洲原来的宗教概念非常接近，所以他强调要建立宗教。当时就有很多人批判康有为，说康有为是“保皇、复辟”，把孔教抬出来，是要复古。其实这些人没有仔细考虑，康有为提出把孔教变成国教，这是国人在向西方取经过程中的一次努力。康有为也非常明确地说了，孔教和其他宗教有不同，其他教都是以神为本，孔教是以人为本，这个他看得很清楚。正因为如此，有的人就认为孔教不能称为宗教，就这个问题，康有为也做了一个专门的解释。他特意考察了日本人为什么把religion这个词翻译成宗教，他说，其实因为日本人心目中的宗教就是有神的，其实 religion 这个词的意义不能以单纯的神教来概括，总体来讲，不论神道还是人道，“而其为教则一也”。我认为康有为这个思想在当时是非常深刻的，无论是神道还是人道，对社会的功能是一样的。当然，他对孔教有偏爱，他认为孔教是博大普遍，包括了人神，包括了政治和教化，所以他强调这个。康有为主张君主立宪，搞戊戌变法、改良主义，认为宗教是必要的。

当时主张搞民主共和，搞革命的章太炎同样也主张中国需要宗教，而儒家思想在当时受到最激烈的批判，所以他认为孔教在当时要成为中国的宗教是不合适的，是违背潮流的，那么应该以什么为中国的宗教呢？他提出的方案就是佛教。他认为应该以佛教为中国的宗教，为什么呢？其中最重要的理由是，佛教最符合时代的精神。具体来说，他提出了如下理由：

第一，佛教是无神的宗教。我们知道，佛教究竟是无神宗教还是有神宗教，这是个有很多争议的问题。我们从原始佛教来看，从释迦牟尼创教来看，它确实是反对有神的宗教，婆罗门教信神，释迦牟尼创教是为了反对婆罗门教，他强调因果缘起，每个生命体是被自己的“业”所决定的，而不是被外来的某个神决定的。所以我们可以说，从原始佛教来看，确实是无神论的，而发展到大乘佛教，它确实有向着有神论发展的趋势，出现了许多对于神的崇拜。原始佛教讲佛只有释迦牟尼一个，“佛”的意思是觉悟者；到大乘佛教，就出现了三世佛、十方佛，还有众多的菩萨。然而，大乘佛教主流也还是强调人或者有情众生自我觉悟的问题，也就是中国人常讲的“自力”为主，靠自己的力量自力解脱。可见，佛教是依靠智慧求得解脱，而不是仰仗神力来解脱，所以，章太炎认为这是一个很重要的原因，符合当时他们所理解的科学、理性的精神。

第二，他认为佛教可以与科学精神相沟通。首先，他认为佛教的思维方式，可以与当时的科学思想相沟通，尤其是佛教里面的唯识学。所以章太炎就说，唯识学是怎样一种学问呢？是从“分析名相始，以排遣名相终”，所谓排遣名相就是不能执着于名相、概念，对于名相的分析和排遣与西方科学的思维方式是完全一致的。

除了上面所说的两个原因，章太炎还认为佛教的无我、慈悲精神，也是符合这个时代宣扬的平等、博爱精神。总之，他认为当时的中国是需要宗教的，最合适的就是佛教。

另外一派认为，不管中国历史上有没有宗教，现在中国都不需要宗教。为什么呢？他们的理念完全受到当时西方传入的宗教概念的影响，认为宗教和理性是相对立的，宗教和科学是相违背的，中国人应该破除这些东西，完全否定宗教的存在。

慈悲是佛道之根本

大智度論二十七卷

楼宇烈

宗教研究的基本问题

现今宗教的发展趋势在某种程度上可以说是越来越要消除世俗和非世俗的对立。宗教若真的要在社会中发生作用，不和世俗社会打成一片，它如何才能产生作用呢？当然，宗教融入世俗社会，不等于要消除或减弱宗教自身出世的精神，也不是说就要消除它特有的戒律。如果这样的话，就是把宗教世俗化、庸俗化了。

天主教可以说是一个最保守的宗派，即便如此，它在1962年也发生了很大的转变，召开了一次世界性的大公会议，各地的大主教、宗教领袖聚集在一起。这次会议的主旨是为应对时代发展需要，提出各种措施，改变固有的理念，会议提出了几条非常重要的改革。其中，最重要的一条就是要把对彼岸世界的关注转变到对现实世界、此岸世界的关注，这是一个非常重要的转变。天主教关心彼岸，人死了以后灵魂上天，到天堂里面去，这是其最根本的理想，现在强调把对彼岸的关注转移到对此岸世界的关注，要把我们现实的世俗世界转变成人间天堂。这是很大的一个转变。

第二个改革问题是关于天主教的传教方式。天主教本来有自己的一套传教方式，但常常与非基督教传统国家的文化形式相抵触、排斥，天主教主张自身需要变通，顺应当地的国情民风。比如，天主教在明清传到中国时就同中国传统文化产生了非常大的冲突。16、17 世纪时，中国人主张祭祖、祖先祭拜，天主教认为这个是不对的，是拜偶像，拜邪教，天主教只能崇拜上帝，只有一个至高无上的上帝，拜祖先是不行的。所以，当时在中国传教的传教士就分成两大派：一派认为，应该入乡随俗，尊重中国人传统的信仰、风俗，允许信天主教的中国人祭祖，另一派则坚决反对，既然信了天主教，皈依了上帝，你还能去拜祖先吗？绝对不行。这两派的冲突非常厉害，当时罗马教廷支持“不准中国天主教徒祭祖”那一派的决议，结果中国政府就对天主教产生了排斥，在康熙年间将天主教赶出中国，因而，天主教在中国的传播此后就中断了。1962 年，天主教大会提出了要尊重当地的风俗习惯，要用当地的语言传教，强调传教的本土化。

第三个重要的改革是，天主教传统一直认为只有自己是代表真理的宗教，其他宗教都是邪教，都是要排斥的，1962 年的会议提出要开展宗教对话，各个宗教都是平等的。当然，这个会议还提出很多其他的改革措施，主要的是以上三条。

目前世界上还有许多新兴的宗教，大多数都是在传统的基础上发展起来的，特别强调和现实社会的联系、与世俗社会的同步性，很多宗教都把道德教育放在重要位置。所以宗教也有道德化的趋势，它们针对现实社会，以文化为着眼点，提出文化思想，开展文化事业。所以，尽管对此有很多争议，从整体来看宗教的发展趋势，世俗与非世俗的界限是在不断缩小的。当然，作为一个宗教团体，的确应该保持它不同于世俗的宗教特点，但它已不应将出世的彼岸世界放在根本的地位，在这种社会背景下，宗教有一种向其原本社会教化的方向回归的趋势。另外，事实上，随着人们对宗教的深入认识，随着宗教对现代科学的认知，宗教和科学的对立关系也在不断地发生变化。现在可以讲，除了一些对宗教没有了解的、抱着实证科学这种科学理念的人还将宗教与科学相对立起来，其实绝大部分的人已经不把科学与宗教对立了，宗教并不妨碍科学的发展。宗教不应是和科学技术相对立的思想意识。更进一步讲，我们这个社会没有科学不行，没有宗教更不行，科学和宗教可以并行不悖。

总之，近代以来形成的宗教概念，认为宗教是与世俗对立、与科学对立的观点已经发生了转变，我们不能再抱着宗教与科学、与世俗相对立的理念去研究宗教。

现今，研究宗教已经成了一个专门的领域、专门的学科，被称为“宗教学”。当然，宗教学是一个笼统的称呼，它会有很多的分支。宗教学研究探讨的基本问题，我们常常将其称为原理的问题。具体而言，主要有四个问题：

首先，“宗教是什么”，这个问题也可以表达成“宗教的本质”。我比较赞成用“宗教是什么”，而不用“宗教的本质”。因为，如果说“宗教的本质”，好像我讲的就是本质，你讲的就不是本质。但如果讲“宗教是什么”，你可以说宗教是这样，我可以说宗教是那样，都不相妨碍。历史上对“宗教是什么”有各种不同的看法，有人讲“宗教是对超越人类知识的某种力量的信仰”，这是站在神学的立场上来讲的，如果说这就是宗教的本质，它就不全面，因为它不能概括其他一些宗教的表现形态；有人讲“宗教是人生对善的追求”，这是含有道德化的一种表述，有人讲“宗教是人通过某种仪式向主宰自然与人生的力量的一种祈求”，这也是一种表述，人们感觉到一种不可知的、不可掌控的力量；也有人讲，“宗教是人寻求跟宇宙和谐共处的一种情感”，你不能讲它不是宗教的一种功能，有些人正是从这一角度进入宗教、认识宗教的；当然还有更泛的一种说法，“宗教就是对自我的超越”。由于对宗教的理解不一样，就形成了不同的表述，它们相互之间都是可以讨论的。

马克思主义对宗教的表述是什么呢？它讲“一切宗教不过是支配人们日常生活的外部力量在人们头脑中的幻想的反映，在这种反映中，人间力量采取了超人间力量的形式”。这个论断是马克思针对欧洲的宗教而下的。的确，我们可以讲宗教是支配人们日常生活的外部力量在人们头脑中的反映，但不一定是

“幻想的反映”。“人间力量采取了超人间力量的形式”，这是从更加对象化、抽象化的角度来解释，它是完全置身宗教立场之外的一种表达方式，同前几种站在宗教立场上的表述方式是不一样的。总之，这是一个非常关键的问题，由于人们对“宗教是什么”的理解不同，所以形成了各种各样的宗教学理论。比如现在人们经常讨论的儒家是否是宗教的问题，还是众说纷纭，莫衷一是。

第二个基本问题是，“宗教是如何发生的”，也就是“宗教的起源”问题，这也有各种不同的看法。有时，我们会把它与前面的“宗教是什么”问题混淆，其实两者还是有差别的。它重点探讨的是宗教的发生、起源及其发展等问题。过去比较多的一种说法是，“宗教起源于人对自然的力量产生畏惧或者敬畏”，人无法解释梦境的存在，做梦是怎么回事？是否醒的时候是一种状态，睡的时候灵魂又在另外的地方活动。由于人对自然界的不可掌控和不可解释，并且在社会生活中，感到很多事我们也做不了主，好像被什么力量操纵着，在这种情况下，人感到无能为力，会认为是不是命运在决定一切呢？命运又从哪里来呢？所以，很多人认为，由于人们对自然现象的畏惧和崇敬，对精神现象的疑问和困惑，对社会现象无法解释和掌控，于是就产生了宗教。这其中与自然的关系就是天人关系、人神关系。最初人们都要祭天，这是同“天”“神”交流的活动，在古代来讲，就是巫术，“巫”专门从事人和神、人和天交流的事情，即沟通人神、人天的关系。

随着人类的变迁，对“宗教的起源”的探讨，逐步由自然的宗教发展为人为的宗教，刚才讲的还是一种自然的宗教，后来创造出了宗教的教主，比如基督教，那就已经是人为的宗教了。人为的宗教是有广大的信众、有固定的仪式、逐步形成经典的宗教。正是因为宗教有不同的起源、不同的信徒，宗教的分类，因此也有各种不同的分类方法，这里不细分说了。

第三个问题是讨论“宗教的表现形式”。它表现在哪些方面，通过什么东西来表现，或者从研究者的角度来讲“宗教如何被描述”，这其实就是宗教的表现形式，宗教的组织是什么？它的礼仪、仪式、仪轨，还有经典等是怎样的。宗教不外乎通过它的礼仪、仪轨以及经典传播，这也是宗教学讨论的重要问题。

第四个问题讨论“宗教的目的和作用”。这个问题也很复杂，因为很多事物，包括宗教在内，都有两面性，有它积极的一面，也有消极的一面，有它正当发展的一面，也有非正当发展的一面。如果只注意其中一个方面，就会对宗教的目的和作用做出不同的评价，或者做出不同的价值判断。其实一切事物都有这样的两面性，在发展过程都有可能出现非正当的情况，如果我们把注意力集中在它非正当的一面，我们肯定会得出宗教有消极作用的结论；如果我们注意到它正当发展的一面，我们肯定会看到宗教在社会上的正面作用。

这个问题从近代宗教学产生以来，西方研究宗教学的学者就形成了两个极端：一是有宗教信仰背景的学者，他们站在宗教的立场来为宗教的合理性、合法性，对社会的积极作用来进行解释及辩护；另一个极端是，一批学者致力于揭露宗教消极的、腐败的、丑陋的方面，他们从否定宗教的立场出发，批判宗教。我们现在应该站在一个更客观的立场，对这两个方面做出正确的判断。我们不能只看到否定的、批判的方面，也不能只看到辩护的、赞美的方面，两种绝对化的角度都不可取。

不仅仅是学者，现实社会生活中的信众也有这样的问题，有的人没有分辨，非常虔诚地来信仰。但是，他一旦发现所信仰的宗教，特别是这个宗教里面的人物有某方面的缺点，问题就出来了，他一下子又会走到另一个极端。所以，如果我们没有判断分析的能力，仅凭着一种信仰，它就会出问题。反过来，没有信仰的，不了解宗教的，一开始就排斥，当他一下子因某一个机缘接触到了，了解到了，这种人很可能一下子转变成盲目的信仰者。可见，两个极端往往是彼此朝相反的方向转化，所以，我们要正确地认识这个问题，既看到它正当的发展，又看到它非正当的发展。我们需要分清主流和非主流，才能建立起正确的信仰以及正确的批判。

“批判”这个词本身并不是一个坏词，我们常常一听到“批判”，就觉得是否定，批判不等于否定，我们很多事物恰恰只有在批判中才能不断地前进和发展。批判其实是一种反思，检讨我们自己，检讨我们的过去，然后再来补救我们的不足，补救我们的偏差。中国历史上有一个成语很好，“退思补过”，其实批判的过程就是这样一个反思的过程，也就是退思的过程，只有这样才能改正我们的缺点。别人批判我们，我们不应该一味地去计较和反驳，而是要“言者无罪，闻者足戒”，抱这样一个态度，才是反省自己。所以，我们现在很多情况下，也有这样一个问题，即怎么样来看待宗教的社会责任问题。

我们现在强调宗教的社会责任问题，强调宗教要为社会服务。比如，佛教讲人间佛教，也讲人生佛教。人间佛教、人生佛教两个提法的取向有一点差别，但是不妨碍我们同时讲。人生佛教更侧重于自我的修养和提升、自我智慧的提高，通过佛教的教理来认识我们生命的价值和意义，在某种程度上来讲是向内的；而人间佛教应该讲是向外的，也就是怎样为社会做贡献的问题，大乘佛教讲“度他、觉他”（向外），而人生佛教多讲“自觉、觉他”（向内），我们既要把佛教落实在“人生”，同时也要落实在“人间”，这两个方面不可偏废。不要落实在人间而忘了落实到人生，放弃了自我的宗教信仰和追求。“世俗化”变为和世俗同流合污，就是忘记了人生佛教。我们现在就有这种情况，一搞世俗化，就与世俗同流合污，违背了宗教的根本宗旨，忘掉了落实到“人生”。笼统地讲，也可以说人间佛教包含了人生佛教，但是，目前我们比较重视人间佛教，而忽视人生佛教。所以，我们应该认识到“人间”和“人生”互不可缺，这样才能将“佛教在社会中应发挥的作用”诠释得更加清楚。

传统宗教与新兴宗教

现今宗教，我们提到过不可脱离社会的现实发展。现今宗教的发展非常复杂，一方面传统的宗教在延续发展，另一方面新兴宗教方兴未艾，最初我们管它叫“新兴宗教”（New Religion），后来也有翻译为“新新宗教”。

20世纪下半叶大量新宗教层出不穷，现在全世界有几万个这样的新宗教，这些新宗教的形式也很复杂，有些是从传统宗教中分化出来的，有的是综合各种宗教的教义理论重新组合起来，也有一些完全以现今科学的理论及面貌出现。当然，它们相互之间也产生了许多矛盾，有的新宗教是在传统宗教的基础上产生出来的，由于它同传统宗教并不完全一样，它认为自己是传统宗教的一个派别或宗派，而传统宗教并不认同，并不把它归属于这个宗教，这种情况也很多。而这些新宗教在发展过程中，可以说是瞬息万变，有的能够适应，就存在下来，有的不能适应，很快就被淘汰了。有的新宗教在发展过程中，向传统正派的道路上发展，形成社会认可的正派宗教，而有一些则走向了邪路，倡导对教主的盲目崇拜，违背人伦，倡导毁灭自我生命，在这样的道路上发展，就成了邪教。所以，对于新宗教我们常常也非常疑惑，也常将新宗教看成怪物，或者把它完全等同于邪教，这种情况在全世界各国都比较普遍。

其实也不尽然，新兴宗教也有很多不同的情况。现存的新宗教里，有的已经有了一定的历史，比如，巴哈伊教就有一百多年的历史，至今它还有相当的影响力。它诞生于 1869 年，是从伊斯兰教中分化出来的，这个宗教提倡“诸神一元，世界一家”，认为所有的宗教，无论是教主还是神灵，只是在不同的宗教里面表现为不同的神，在基督教表现为上帝，在伊斯兰教中是真主，在佛教中就是释迦牟尼佛，认为从神来讲都是一元的，世界是一家的，地球是一个大家庭，“地球村”的概念就是“巴哈伊”提出的。

“巴哈伊”最初传入中国，中国人将它翻译为“大同教”，天下大同，这个名称现今在台湾还有。这个教的特点就是谁都可以加入，谁都不必放弃原来的信仰，因为众生都是一元的，教堂的四面八方都有门，象征着各个教都可以来，所以它倡导宗教的大同。尽管中国还未正式承认这个宗教，但“巴哈伊”的影响着实不小，它倡导的宗教大同也得到很多人的认可。“巴哈伊教”系统还是不错的，而且“巴哈伊”常做一些文化、慈善事业。从现今来看，新宗教的发展的确是很难把握，但“巴哈伊”确实是一个不错的正当宗教。所以，不可简单地视新宗教为邪教。我们应该注意到，这些新宗教往往更贴近当今社会的生活，常常致力于解决现实生活中出现的问题，所以更容易被人们接受。

再举一个例子，韩国有一个圆佛教，它是打着佛教的旗号，从它的教主悟道以后到传教也就九十年的历史，它是在日本殖民韩国的背景下创教的，具有民族主义的意味在里面。更重要的是，它提出了一个问题，即它的创教说里面讲“物质既已开辟，精神更需要开辟”。它认为在物质越来越发展的同时，人们的精神越来越萎缩、越堕落，它提到物质发展能够给人们带来很多福利，但是更要看物质发展掌握在什么人的手里，掌握在好人手中就会给人带来福利，掌握在坏人手中，给人带来的只会是灾难，人不应该成为物质的奴隶，而要成为物质的主人。圆佛教强调要提高人的精神生活、开发人的精神层面，来正确地认识和运用物质，同时它也进行了很多改革。在教义方面，不仅提倡佛教的思想，同时也提倡儒家的思想；在仪式方面，圆佛教不供佛，而是供一圆像，一个圆。圆像代表了宇宙的真理，代表法身佛，代表每个人的自性清净，也不烧蜡、点香、供鲜花。它还强调坐禅，时时是禅，处处是禅，这符合禅宗的精神。这个宗教虽然只有九十年的历史，除韩国外，世界各地都有许多信众，可见，圆佛教的理念很有现实意义。九十年过去，它所强调的这个问题更加突出。现在，人们更感觉到我们的物质越来越发展，我们的精神更应该发展，要不然，人们就会沦为物质的奴隶。

也有一些新宗教，刚出来时，我们还摸不到头脑，慢慢发展下去就成了邪教，倡导集体自杀，对教主的盲目崇拜，一个教主拥有上百个老婆，生一大堆孩子。这样胡作非为的邪教也有不少，在美国、法国、日本都曾出现过。

因为传统的宗教不能完全适应现今需要，或者讲传统宗教比较宽泛些，而现今人们喜欢一些更鲜明的形式，不喜欢烦琐。如日本的创价学会，它是从佛教中发展出来的新兴宗教，提出以《法华经》为中心，强调跟净土宗一样口称佛号就行了；创价学会口诵“南无妙法莲华经”，更适应现代社会人们的生活。像刚才讲的圆佛教也是一样，信圆佛教就不需要改变原有轨迹，特别强调你原来做什么工作，就要把这个工作做好，而不是让你脱离原来的生活，所以它与现今人们的生活意识结合得更加紧密，这是现在宗教发展中非常重要的特点。

各种各样新宗教的兴起，表现了宗教的多元化、多元性。并且，很多新兴宗教规模都不是很大，有的甚至就几百人。新宗教形式多样、规模小、仪式简单，有的在家庭聚会就可以，有的甚至在咖啡店、茶馆里聚会都可以。“规模小，多样化，仪式简单”是现今宗教发展的一个显著特点，这也值得我们注意研究。

总体而言，现在宗教发展的趋势是，有的更加注重与道德相结合，有的更侧重于向文化发展；传统宗教在不断传承发展，在进行自身的变革，而新兴宗教不断涌现，特别是20世纪后半时期，新兴宗教的发展更加蓬勃。

随着科学进步、社会发展，宗教也在同步地发展，而且人们对宗教的认识也发生了很大的变化。特别是在中国，20世纪80年代以后，我们整个社会，包括我们各级党政领导人，对宗教的认识都有了非常大的变化。这里面最大的变化是，认识到宗教也是一种文化，宗教也属于社会的道德体系，宗教具有它的长期性，甚至会比国家的存亡还要持久。我们原来讲宗教的“五性”即群众性、民族性、国际性、复杂性、长期性，改革开放后，我们着重讲“三性”，其实最重要的就是“长期性”。因“长期性”认识到宗教存在的“必然性”，我们看到它的复杂性，并承认它是一种文化，一种社会的道德体系，这就涉及宗教存在的合理合法性。我们对待宗教，应该与其他的道德体系、文化传统等同视之，而不是将宗教视为异类。这个变化非常重要，这个变化来源于我们对宗教有一个更加清楚的认识，摆脱了过去我们对宗教的片面理解，摆脱了对宗教理论的误解。

长期以来我们所持的宗教观念，是不是全面地理解了马克思主义的宗教理论？我想这还是一个问题。但是，在马克思的宗教理论里，的确存在这样一些观念，比如说宗教是一种意识形态，因此宗教有它的发生、发展、消亡的过程。从普遍意义上讲，这是没有问题的，是完全合理的，即任何一种文化现象都有发生、发展、消亡的过程，不讲消亡至少也有衰落的过程。从文学发展历史来看，汉代最盛行“赋”，唐代最盛行“诗”，宋代最盛行“词”，元代最盛行“曲”，明清最盛行“小说”，即唐诗、宋词、元曲、明清小说，各个时代都有其特征。但并不是讲唐以后就没有诗，只是相对来讲“诗”显得弱了。每个东西都有它的顶峰期，发展到它最完善的状态。如果用这个方法来看，宗教当然也是这样的情况。这是个普遍的规律，但我们对宗教的产生和消亡，在理解上却出了偏差。

我们认为宗教为什么会产生？一是认识根源，由于人们在愚昧时期不能掌握自然规律，对很多自然力量我们无法制伏它，完全受自然力量的控制，所以就信神了；另外，就是社会根源，我们掌握不了自己的命运，受着阶级压迫，统治阶级要利用宗教来麻痹老百姓，有利于阶级统治。这都是非常天真的想法，以为宗教的产生就是这两个根源（认识的根源、社会的根源），认为我们一旦能把产生宗教的两大根源都解决了，宗教就会消亡。持这种观点的人，认为科学一旦发展，我们的愚昧破除了，宗教就会消亡；一旦革命把统治阶级和剥削阶级打倒了，人民当家做主了，就可以自作主宰，好像这两个问题解决了，宗教自然会消亡。所以我们很长一段时间内宣扬“宗教消亡论”，而且好像很快就会消亡。事实上，哪里如此呢？从认识上来看，科学越发达，宗教也越发达，宗教完全能适应时代的发展脚步而发展自身；从社会角度看，原来天真地认为阶级压迫打倒了，我们每个人就自由自在了，实际上，并没有那么自由自在吧，人们在很多情况下还是掌握不了自己的命运。再说，人还有情感上的需要、心理寄托，这些都是不能用认识和其他外来的原因来解释的。还有人们对神圣的向往，除了自甘堕落者之外，我想，每个人都希望自己变得更加圣洁一点吧，这是正常的追求，宗教恰恰满足人们这些需要。

然而，如今很多科学家不顾眼前的情况，认为信仰宗教就是愚昧无知，就是不懂得科学的后果，讲什么“之所以很多人信教，是因为科学还未普及”，这是不尊重事实的论调。那些科学家看没看到，科学越发展，世界各国的宗教也越发展。这是一个值得我们反思的问题和现象。

中华文化与宗教本土化

文化是多样性的。孟子有句话讲“物之不齐，物之情也”。（《孟子·滕文公上》）这句话的意思是说，物品千差万别，这是客观情形和自然规律。文化也是同样的道理。过去我们有一个突出的问题是，用阶段论文化的发展，用先进和落后、传统和现代区分文化。我们承认文化的区别，但是，文化除了时代性之外，还有地域性和空间性，就是说不同的地域和空间产生的文化是有差别的。人在不同的地域，他们的生活习惯不同，对天地万物的认识有差异。所以，不同地域形成不同的文化样式、不同的饮食习惯、不同的思维方式、不同的价值观念，也就形成了不同的信仰习俗。文化最重要的就是要了解，了解不同的差异，最终达成互相尊重。实质上，文化不存在绝对的好与坏，不能简单地区分优与劣、先进与落后。在文化上不一定传统的就是落后的，现代的就是先进的。我们要保护地方文化和地方方言，地方方言的消失会带走很多的文化。我们既要学习普通话，又要保护方言。文化的多样性是人类宝贵的资源，越是民族的越是世界的。文化的继承就是要保持好文化的传统特色，更好地让世界享用。传统特色并不是复古，也不是不变，而是随着时代的变化而发展变化，但不能消除固有的文化特点。所以，文化要多元并存，互相尊重。

宗教中国化或本土化是一个极为重要的命题。就伊斯兰教而言，回顾历史，伊斯兰教和基督教传入中国的时间是差不多的，都是唐朝传入的。但是，基督教时续时断，这里面一个很重要的原因就是排他性的问题，它的根本理念与中国文化重视现实的精神是相冲突的。伊斯兰教在这点上与中国文化具有一致性，伊斯兰教信仰非常注重现实，将信仰落实到穆斯林的生活当中，即伊斯兰教重视信仰和现实生活的一致性。这一点也与中国文化相似，中国传统文化强调入世。所以，伊斯兰教传入中国以后从来没有中断过，一直延续，而且不断地与中国文化相互交融和契合。伊斯兰教传入中国 1300 多年经历的是自觉适应的过程，在这个过程中伊斯兰教的思想理念找到了与中国儒家文化的结合点。特别到了明末清初，中国伊斯兰文化同中国儒道思想深度结合。明清时期，伊斯兰教被称为清真教，穆斯林宗教活动场所被称为清真寺，清真寺的外形与中国佛教寺庙和道观有相像之处。这就是本土化的结果。

佛教的中国化是比较成功的。佛教是从古印度传入中国的。公元前 6 世纪，古印度的主流宗教是婆罗门教，婆罗门教认为人是由神造的，生命可以轮回，人的命运也是由神来决定的。佛教的出现就是要从根本上否定社会上占主流的婆罗门教。佛教首先认为世界是无神的，万物因缘聚会。这就是佛教最根本的“缘起论”。佛教认为，这个世界是一个整体，万物不能分离。佛教有四句著名的话：“此有故彼有，此生故彼生；此无故彼无，此灭故彼灭。”这又展现了宗教的另外一种形态，再次体现了宗教文化的多样性。

佛教在印度与主流宗教不合，但在中国，与中国社会和中国文化相契合。人是要靠自己来觉悟，儒家文化和道家文化都强调自我的觉悟、自我的约束、自我的提升。道家还强调保持真性、回归自然、不贪念外物。佛教讲缘起、讲因果，认为事物与事物之间是必然的联系，这种思维方式与中国传统的思维方式不尽相同。中国传统的思维方式是自然产生万事万物，是偶然性的。佛教刚传入中国的时候，因缘观与自然观之间有严重的冲突。但是，从哲学上来讲，必然性和偶然性是相辅相成的。佛教讲因果报应，中国也讲因果报应，但中国讲的生命观不是个体的，有一句话讲得很生动：“火尽薪传”（明·寓山居士《鱼儿佛》），延续的不是我，是我的子孙。中国人认为父母积了德，子女享福；父母造了孽，子女遭殃。《周易》里有句话这样说：“积善之家，必有余庆；积不善之家，必有余殃。”个体的肉体是要消失的，而群体的生命会在子孙身上延续。在这点上，伊斯兰教认为个体生命也是可以延伸的，追求今后两世，在末日将接受审判。

佛教本土化是一个相当长久、相当复杂的历史过程，因此对本土化需要有足够的耐心和包容。中国文化是非常包容的，中国文化是一种能够构建宗教和谐的文化。在中国，不同的宗教应当可以如兄弟一样和谐相处、亲密无间。“化”并不是说佛教失去自身的价值观念和主体性，完全融化于中国文化，完全等同于儒、道，而是彼此之间“你影响我，我影响你，你中有我，我中有你”。但是同时，彼此之间还是“你是你，我是我”。这是中国文化非常重要的特点——中国文化从来就是包容、多元、相互尊重的。

因此，中国化并不是彻底地“化”掉，而是在适应中国本土文化、政治基础上的传承与创新。在这个基础上，应当鼓励不同文化、不同宗教在中国文化环境下创新、发展，使之超越地区性文化背景下的各种局限。任何宗教，只要不破坏中国本土文化，不改变中国本土文化，不与中国本土文化、政治发生冲突，那么在中国文化当中就是可以包容、可以生存的。即使存在不同的东西，也可以相互尊重、相互保留。

佛教本土化的过程中，呈现出了文化交流的两个根本规律：一个是外来文化的自适性，一个是本土文化的包容性。如果不能把这两者处理好，没有包容，外来宗教再本土化也不行，即使本土化，也会保留很多习俗中的问题，而理论上的问题更难完全改積善之家，必有餘慶；積不善之家，必有餘殃。

周易坤卦卦辭文言

守烈

变。因此，一定要尊重不同文化、不同宗教的习俗及其最根本的理论。必须要包容，只要不在政治上、不在整个文化上对立，就可以存在、包容，佛教为我们提供了这样一个很好的先例。

另外，宗教不仅要找到和本土文化的适应点，而且还要加以发展。我们常常讲，中国佛教的特质在于禅，禅宗确实是中国佛教发展过程中的创新，因为禅宗在印度佛教里不是这样的形态，也不是这样的意义。释迦牟尼创立印度佛教的时候，强调的是自觉——智慧的觉悟。可是到了大乘佛时，逐步出现了一种“救世主”的理念，拜佛、求佛、求菩萨。而到了中国禅宗，把成佛、成菩萨化为每个人自己的问题、内在的问题。悟了就是佛，迷了就是众生。所以，禅宗强调的是学佛、做佛，学菩萨、做菩萨，这和中国文化完全一致，而且又回到了释迦牟尼创立佛教的根本宗旨上去了：淡化祈求于外力的拯救，强调内心的自觉。

所以，本土化是一个相当长久、相当复杂的过程，对本土化需要耐心，也需要包容。要适应中国文化传统，一定要有创新、发展，不能够回归到原来。我认为，现在宗教上有一个大问题，就是不断地对它进行还原。我曾经说，现在研究中国佛教最大的障碍就是“印度化”，研究中国佛教一定要“去印度化”，这样才能够真正让宗教和本土文化融为一体，同时又保持自己的特色。其实，中国的文化环境是最好的。不同宗教像兄弟一样亲密地在一起，没有冲突。这就是中国文化，一种能够构建宗教和谐、和睦相处的文化。

中国信仰里的“神”

对“神”的理解，其实与文化是分不开的。我们现在有一个约定俗成的看法，宗教都是需要一个有神的信仰才算是宗教，不管是一神的还是多神的，都必须有一个神。有人讲宗教必须有一个彼岸，追求彼岸，与此岸应该是不同的；还有人提出宗教要有组织。这些框框让我们对宗教的认识局限在其中：宗教要有神的信仰，要有彼岸，要有组织，有一定的仪式，等等。

其实，我认为“宗教”这个概念，不一定要通过这么多的框框来限制。它能够改变我们的人生，能够让自己超越，也可以是一种宗教。我们不要把这些条条框框局限在对“宗教”的定义上，很多关怀现实的、理性的信仰，我们也可以从宗教的角度去认识它们。

就整个文化来讲，中西方文化有比较大的差异。这些差异其实就反映在宗教信仰上面，我想一个比较大的差异就是中国文化强调自觉自律，而西方文化比较强调救赎他律。所谓“自律”就是自己约束自己，自己要能够约束自己，就要靠自觉；“他律”就是用别的力量来监督他，这和救赎有关系。现在社会上充满了救赎他律的思想，而没有很好地强调自律自觉，这就是脱离了中国的文化和宗教信仰。我们说宗教要有神的信仰，但神与神还不一样。“神道设教”，这里的神是一个什么样的神呢？这句话出自《周易·观卦》的彖辞，整句话是“观天之神道，而四时不忒”，忒就是差错，不忒就是没有差错。我们观天的神道，那是“四时不忒”，春夏秋冬是没有差错的，今年是这样，明年还是这样，后年还是这样。下面是“圣人以神道设教，而天下服矣”。那圣人以什么神道来设教？是以“天之神道”来设教，是天的规律，天的运行规律。

中国宗教里的神，大致来讲有三大类，所谓天神、地祇、人鬼。天地人三才，所以把天称为天神，地称为地祇，人就是人鬼，我们看中国的典籍是怎么解释这三类神的。当然，需要说明的是，中国的学术界和精英界，与普通老百姓对同样一个现象的认识是不一样的。

荀子曾经讲过一句话，是针对一个当时求雨的仪式。我们求下雨，这个仪式叫作“雩”，抬着一条草龙，打着锣，喊着口号，求老天爷下雨，结果老天爷下雨了。所以有人就问荀子，说我们做了这个仪式下雨，跟我们没有做这个仪式天也会下雨，有什么差别？

荀子的回答是“无何也”。所以清代有一本书的名字就叫《无何集》，专门讲这些事情。但是有没有差别呢？其实，还是有差别。若从下雨不下雨来讲，这没有差别；但是从举行仪式与没有举行仪式来看，还是有差别的。荀子讲：“君子以为文，小人以为神。”君子把这个现象看作是一种文，文就是文事，是一种礼仪形式，也是表达对老天爷对自然现象的一种尊敬。神就是表示不可预测，无法琢磨。所以，变化不测之谓神，阴阳不测之谓神。同样的神，在民间信仰中就会把它神格化、实体化，而在学者的诠释中，就会把它变成理性化、礼仪化，这是不同的。老百姓可能只看到一个实体性的、形象性的、实实在在的，可是学者去解释，就说这是一股气。神是什么？神就是变化，变化莫测谓之神。什么是鬼？“鬼者归也”，回去了吗。所以，学者认为鬼也是一股气，神也是一股气。气聚集起来了就是一个生命，气散了就变成鬼变成神，一个清气，一个浊气，清气上升，浊气下降。

中国有很多神话传说，盘古开天辟地，女娲抟土造人，好像有一个创世主一样，其实这在中国文化中完全不是一个主流的说法，也不全是一个神的概念，还只是一个神话传说。中国人相信的还是“阴阳剖判，天地生万物”。王充的那句话很有代表性：“天地合气，物偶自生。犹夫妇合气，子自生矣。”所以知识界和精英界对神鬼现象，都是用一种理性的分析加以解释。而很多敬鬼神的活动，都尽量从仪式的角度去解释、说明这种行为是需要的。就像孔子讲“君子有三畏”，第一“畏天命”，天命就是神。

天命之谓性，天命就是人与万物的一种自然之性，我们要尊重这种事物的本性。我们看看朱熹的解读，他是从理的角度去解释，唐代的孔颖达则从一种本性的角度来解释。所以，天命并不是一个鬼神的问题，而是万物自然本性的问题。第二“畏大人”，有地位有身份的人叫大人，我们要敬畏，这个畏不是畏惧，而是要敬畏。第三“畏圣人之言”，圣人的话我们当然要听了。

关于中国的神，我们可以再从学派来分，比如儒教的神，还有道教的神，佛教的神，民间的神。我四处搜罗了一下，这类神很多，至少有几百个，还不算我们民间地方信仰中的神，如果算进去可能上千个都不止。在中国，神和人是亲密无间的。这和希望神有绝对的权威性，人们要对它绝对敬畏、绝对服从，是不一样的。在中国，人神之间的交流也很密切，尽管人们把神形象化、实体化了，但人也是可以与其交流的。这些东西，我们为什么要敬畏它们？我们如果把它们分类，也是三类：

第一类是所有的自然现象。所以我们一讲到宗教，就是对一种超自然力的崇拜。什么是超自然力？超自然力就是在自然之上，是操作主宰这个世间的力量。但是中国文化中，并不存在一个超自然力，而是在自然之中。刚才讲的天神地祇，都是对自然中间的风雨、山川、五谷等的敬仰，所以才把它们称为神，我们有五岳、有五镇，祭泰山是祭五岳之魂，祭东镇则属于祭地的活动。在北京，有天坛、地坛、日坛、月坛，天地日月星辰都要敬仰。这些是一大类，是在自然界中的。第二类是在我们生活中间的，跟我们的生活密切相关、不能分开。我们最清楚的就是门神、灶神，人们天天从门里走，天天去灶房做饭。第三类就是由人变成的神，就是人自我超越了，大家都认同了的一批神。

我们为什么要对这些东西有敬畏呢？譬如说对于门神和灶神，《淮南子》里的《氾论训》有这么一段话："今世之致祭井、灶、门户、箕帚、臼杵者"，就是我们现在祭井，喝水的；灶，做饭的；祭门和户；还有箕，簸箕；帚，扫帚；臼杵，舂米的。我们要祭祀这些东西，为什么呢？"非以其神为能飨之也"，并不是因为它是一种神我们要去敬仰它；"恃赖其德"，是因为它有这种德行；"烦苦之无已也"，就是人们一直要去麻烦它，要用扫帚扫地，要簸米，要舂米，要进出门户，要到灶那里去做饭。所以因为它有这样的德行，我们要去祭祀它，并非其有特别的神。为什么要注重门户呢？《淮南子》里讲："夫户牖者，风气之所从往来，而风气者，阴阳相捔者也。离者必病，故托鬼神以伸诫之也。"这句是说门户是通风的地方，这个通风的地方如果一不小心，着了风，就会得病，所以告诉你要尊重这个门户。这些都是学者们对这种神的东西做出理性的、仪式化的一种解释。

我们讲中国有儒佛道三教，它们所追求的都是一个自我的超越，通过自觉自律达到一个自我的超越。儒家所推崇的是圣贤，是圣人。怎么样才能成圣呢？从孟子到荀子都讲到了，既仁且智，具备了仁和智的品德就是圣人，儒家是希望自己的德行能够圆满，有仁有智两种品德。如果我们具体一点来讲，就是张载的四句教，作为一个圣人就能够“为天地立志，为生民立道，为去圣继绝学，为万世开太平。”（我引用的是另外一个版本，我们平常看到的是“为天地立心，为生民立命，为往圣继绝学，为万世开太平”）。这就是圣人，一个自我已经超越了的人。那么道家呢？道家是要成仙，仙是什么？仙不是我们看到的飘来飘去的神仙，在《汉书·艺文志》的“方技略”里对神仙下了一个明确的定义：“神仙者，所以保性命之真，而游求于其外者也。”说的是神仙能够保住性命之真，这是道家所追求的目标。但是因为我们人生下来以后，这种性命之真慢慢给丢失了，所以要求于外而把它找回来。这就跟孟子所讲的“求其放心”一样。那么怎样才能保真呢？《艺文志》提出了三条：第一条是“荡意平心”，把你的各种杂念都给取消掉，让你的心能够平静；第二条“同生死之域”，看破生死；第三条“而无怵惕于胸中”，怵，发怵，惕，警惕。能够做到这三条就成为神仙了。如果你“专以为务，则诞欺怪迂之文弥以益多”，所以讲的那些神神怪怪的事情并不是“神仙”的本意，这是道家所追求的神仙。

佛教追求成佛，什么是佛？觉悟了就是佛。中国的禅宗特别讲佛与凡夫就是一个迷与悟，迷了就是众生，悟了就是佛。所以，同样是一个自我人格的圆满、自我的超越，这是一种向内的自我超越，而不是向外超越。所以这种对神的追求，尽管有这个神、那个神，但是这些神和西方宗教里的神根本是不一样的。西方宗教所讲的神是一种外在的、主宰的力量，它对你為天地立志，為生民立道，為去聖繼絕學，為萬世開太平。

張載集 語錄中

壬辰秋

守烈

有一种制约，它对你有一种救赎。中国宗教里面的神和西方外在的神不一样，我们说，是一种功德的圆满、道德的圆满。近代的高僧太虚大师讲到其学佛的体会时，对什么是佛，讲得很清楚："仰止唯佛陀，完成在人格。人圆佛即成，是名真现实。"我们所敬仰的就是佛陀，我们也可以说佛是至高无上的，但是这样至高无上的佛是要靠人的人格的自我完善与圆满才能达到，所以"完成在人格"。"人圆佛即成，是名真现实"，这里说的是"现实"，指的是现量，不是比量，不是推论出来的。所以我们能够做到人格的圆满就是佛。

儒家所讲的德牟天地、德配天地，你的品德能够和天地一样广大而无私，像天一样大公而无私，像天一样诚信。所以刚才讲的天道就是神道的诚信，"观天之神道而四时不忒，圣人以神道设教而天下服矣"。圣人按照天的诚信来教化治理这个社会，那么大众都服了。这也就是《中庸》和《孟子》里面讲的："诚者天之道，诚之者，人之道"，或是"思诚者，人之道"。这就是天人合一，天人道德的合一，人也就成为天，成为圣，成为神。这些都是从一些精英层次或知识层次来讲的，在民间则被实体化了，神是给人带来福报的，鬼是给人带来祸的，其实也不见得。鬼里面也有很多好鬼，神里面还有很多坏神。

总的来讲，中国宗教信仰里面的神和西方宗教里面的神千万不能混同。混同以后给我们现实生活带来的弊病，就是我们强调救赎他律，而不去强调自觉自律。

第二章

人文信仰的精神特质

中国文化的总体特征与中国宗教文化

中国的宗教是在中国本土发展起来的，所以它就不可能不受到中国整体文化的影响。我们的文化不是孤立的，而是互相影响的，所以要我们了解：中国人的宗教观念是在中国文化的特性下形成的。讲到中国的本土文化，首先就得从儒家开始讨论。

中国文化的发展过程，我们现在常常追溯到夏商周三代，或者再早就是尧、舜、禹，后来追溯到更早的黄帝、炎帝。相传禹建立了夏朝，可对于夏朝我们知之甚少，不仅文献记载，甚至考古的发现都了解不多。

敬鬼神而远之

关于夏商周三代的一些基本文化特征，《礼记》里面曾经提到一些，《礼记》里借孔子的口说，夏朝的基本文化特征是“夏道尊命，事鬼敬神而远之，近人而忠焉”。夏代文化特别看重命，“尊”就是尊崇命运，敬重鬼神但远离它们，而且非常尊敬人事还强调忠诚。商，就是殷商，我们发现商代的历史比较清楚，地下发掘比较多，历史记载也很多。那么，商代人的文化特征是什么呢？《礼记》里记载“殷人尊神，率民以事神，先鬼而后礼”，说明殷商人是非常信鬼神的，率领老百姓侍奉鬼神，先讲鬼后讲礼，这和夏人形成一个对比。那么到了周代呢？《礼记》记载“周人尊礼尚施，事鬼敬神而远之，近人而忠焉”，后两条就返归到夏。夏尊命，殷商尊神，周尊礼，商是“率民以事神，先鬼而后礼”，夏和周都是“事鬼敬神而远之”，从中可以看到，周是向夏回归，而同殷是不一样的。

中国后来的文化就从这里发源。我们讲儒家这个学派虽然由孔子创立，但是也要追溯到文武周公，就是周初的周文王、周武王、周公旦。这个描述是后人记述的，可以看到周朝确立了中国文化的格局，并一直延续到后来。我们现在讲中国文化的特点，实际这个格局、这个特点是在西周基本确定的。这是一种什么格局呢？一是“尊礼”，二是“事鬼敬神而远之”。“尽人事”这个特点在孔子的学说中可以经常看到，《论语》中讲得很清楚，“敬鬼神而远之”“未能事人，焉能事鬼”“未知生，焉知死”，这种思想在周代已确立。中国的文化就形成了一个以人事为主的文化。虽然也讲敬鬼神，但对鬼神概念的理解，并非我们现今所理解的“鬼”“神”——人死为鬼，现实世界之外为神，并不是这个含义。周初为什么会形成这样的认识呢？其实是对历史经验的总结，周初非常注意总结历史经验教训。

民为邦本

我们来看现在留下的经典《尚书》，或者叫《书经》，这部书就是周初人总结夏商两代的历史经验教训，由之提出周应该如何去做、去治理国家。这是一部非常重要的历史著作。简单来讲，它总结的经验教训就是：夏商之所以兴起是因为开国君主品德好，而且得到了民众的拥护。如夏代开国的君主禹，大禹治水的故事我们都知道，三过家门而不入，脚都磨破，治好洪水泛滥，给整个社会和老百姓带来极大的福利，所以他建起夏朝来，当然很得民心，所以群众基础就好。到了夏代的末代君主桀，非常暴虐，是荒淫无道的一个君主，品德不好，夏就亡了。商代的开国君主成汤，他的个人品德也非常好，非常爱护百姓，所以他一举起义，就推翻了夏朝，建立了商朝，商代也是相当兴盛。但商末代君主纣，商纣王，也是荒淫无耻暴虐的君主，酒池肉林，非常荒淫，谁不听他的话就开膛破肚，将心摘出来；还将人绑在铜柱上，下面烧火，施炮烙之刑。当有人告诉他周的势力越来越大，许多地方的百姓已经投奔周的时候，他还说怕什么，“我生不有命在天乎？”意思是说我的命完全是天给的，周人能把我怎么样。周人随后就破城把他抓起来了，灭了商。

殷纣王为什么会这样说？因为他有祖先崇拜，从甲骨文里，我们可以看到有很多话，比如“帝”“上帝”如何如何。“帝”是什么意思？“帝”就是根蒂，上帝，其实就是指我们的祖先。中国古代的信仰主要就是祖先信仰，我们的生命是祖先赋予并延续下来的，祖先中间对部族有贡献的人，就可以做部族的领袖，去世以后将在天上监护他的子孙，监视和保护。不同的部族所崇拜的“帝”是不一样的。商部落、周部落都有自己部落的帝，所以殷纣王认为我的祖先会保佑我，你周武王能把我怎么样，但结果不灵，被灭了。周人总结这个教训之后，认为祖先对他的子民的保护也不是随随便便的，要看子孙值不值得保护，于是周代总结出这样一个道理：“皇天无亲，惟德是辅。”皇天是不分亲疏的，主要看你有没有德行，有德行就辅佐你，没有德行就不辅佐你。周初思想就非常强调人自身是最根本的，你要想求得上天你的祖先对你的保佑，要看你自己能不能让他来保佑。所以在《尚书》中强调要敬德，“疾敬德”，也就是说作为一个君主，最首要的任务就是敬德，德行好了，你的祖先你的上天就会保佑你，否则，失德的话，谁也保佑不了你。所以《尚书》中有言“民为邦本”，得民就可以得天下，失民就会失天下。所以要把人事放在第一位，敬鬼神则次之。

在这样思想的指导下，形成了中国文化“以人为本”的重要特色：人是万物中最重要的，而人自身的修养和整个社会的教化是重中之重——这种人本的思想体现了人文的精神，人文

皇天無親
惟德是輔
尚书蔡仲之命
宇烈

就是教化。礼乐教化的目的是什么呢？就是提升人的道德品格，所以我们常言自己的国家是礼仪之邦。现在我们离礼仪之邦有多远，我想大家心里都很清楚，恐怕是离得很远了。我们出国旅游往往被人看作毫无礼仪的一群乌合之众，这是亟待考虑的问题。

礼有三本

周人强调礼仪的教化，强调以人事为本，以人文教化、礼乐教化为本，就形成中国文化最基本的格局、最根本的特点。我们说“周人尊礼”，礼是什么？礼就是以各种各样祭祀仪式为主的祭祀活动，比如婚丧嫁娶各种礼（冠礼、婚礼、丧礼、祭礼、乡射礼、朝聘礼）。是不是去祭祀鬼神什么东西？不然。这些仪式是一种礼仪规范、道德规范，这里就体现出一个重要的观念——报恩、报本。

战国末年有一个著名的思想家，也是儒家的一个重要代表人物，叫荀子，也叫荀卿。荀子是对礼从理论上、实践上探讨得最深刻的一个人，可以说，他关于礼的理论直到现在还有它的理论价值。他探讨了礼的起源，认为礼的起源就是“养人之欲，给人之求”。他说，人生下来都有他的欲望追求，比如讲人困了要睡觉，冷了要穿衣，累了要休息，这是人之常情，应该说是正常的。但这些东西能不能任意让它发展呢？大概不行。如果任意发展就出现问题了。现在大家都饿着肚子，有东西来了，谁的力气大谁就先抢夺，这当然是不行的。东西有限，应该先给谁吃，应该让谁多吃一点，这就需要规范、规定一下。如果说现在大家都在饿肚子，有一块面包，是不是应先给老人吃，先给小孩吃，这不就是礼么？所以“礼”就是来规范这些行为的。如果没有礼的规范，大家就都去抢，你抢我夺，这个社会不就乱了吗？哪里会有秩序呢？再说东西是有限的，人们对它的追求又是无限的，无穷的开发、无穷的掠夺，资源就会枯竭。怎样才能更好地“养人之欲”？就必须制定一些规范，让不同社会的人，不同分工的人，不同等级的人，得到不同层次的满足。从理论上来讲，老人儿童都应首先得到照顾，要“尊老爱幼”。荀子对礼仪的探讨，其实是看到了人的社会性：人不是一个自然动物，一些自然界的动物尚且会爱护弱小，何况是人呢？所以礼的制定尤为重要，这就是礼制的起源。

那么，礼的本质是什么？荀子说“礼有三本”。第一，“天地者，生之本也”。天地是生命的来源，我们常讲天生之、地养之，不要以为人了不起，离开天地就会饿死。第二，“先祖者，类之本也”。每一类都有各自的祖先，猫有猫的祖先、狗有狗的祖先、人有人的祖先，人不是猫生、不是狗生，是人自己生的，所以他有一个作为人的分类的根本——祖先。第三，“君师者，治之本也”。国家得到治理安定，社会和谐，都要靠君、师，就是君主和老师。礼有三本，所以我们要尊敬的、要怀念的、要祭祀的就是天地君亲师。现在很多老宅子里还能看到以前供奉的牌位，有的老宅子把“君”改为“国”，因为君王已经不存在了，改为“天地国亲师”，这是中国人几千年来永远祭祀的一个牌位。我们不能忘记这“三本”，我们应该祭奠这三本，怀念这三本，不能忘本，这是报恩！不能忘记天地给予我们生命的本，不能忘记祖先给予我们人的本，不能忘了君师给我们的教导和社会和谐的本。忘了本还能算人吗？还有什么人道可言？这里面体现了“报恩”，尊礼即不忘本，即是报恩。

阴阳不测之谓神

尊礼就是尊这些，我们现在还常说一句话“神道设教”，大家怎么理解这句话呢？恐怕大多数人认为是“借助神来教化”。“神”呢，就是现在所谓上帝之类的，这其实是错的。天之神道，就是天之运行规律。《论语》里孔子有言：“天何言哉！四时行焉，百物兴焉。天何言哉！”天说什么话呢？没有话，但是天地运行，春夏秋冬照样进行，丝毫不乱；也就是荀子所讲“天行有常，不为尧存，不为桀亡”，不管尧也好，桀也好，最仁慈的君主还是最残暴的君主，天地都依旧在按规律运行。所以，“神道”不是什么神的意思，而是天的运行规则。所以说，“圣人以神道设教，而天下服矣”，这句话说什么呢？圣人要效法天的神道去治理这个社会，治理这个国家，这样天下才能太平。在这里，天也好，神也好，它并不是什么人格的神，也不是某一个超越于世界、至高无上的神，根本上来讲它不是神，而是天地自然之道。

进一步讲，什么称为“神”，什么又称为“鬼”呢？《周易·系辞》里讲到“一阴一阳之谓道，阴阳不测之谓神”，《系辞》还借孔子的口说：“知变化之道者，其知神之所为乎？”《易传》里面对神的解释，和刚才我们讲的“神道”的意思是一致的：神，即天地变化之规律。那么“鬼”是什么意思？“鬼者归也”，鬼就是归去了，回去了。后来宋代著名理学家张载继续解释为“鬼神者，二气之良能也”，“二气”就是阴阳二气，“良能”就是指它本来就具有的功能。“鬼神”，就是阴阳二气变化所具有的本来的功能。所以，在中国传统的文化氛围里，“鬼神”指的都是自然界事物的本来的变化状态。

“鬼”“神”是否也是具有某种人格意义的东西呢？有，但这种人格的意义，不是它根本性的、恒常性的意义。有无人格性的鬼啊？我们有时闲聊说“晚上走路碰到鬼了”。有没有显现出来鬼啊？我们常常在小说中看到，一些人冤屈而死，就化成一道戾气，但一旦把它的戾气化解掉，它就不再出现了。这种鬼不是永恒的，更不是鬼的根本意义。

神有没有？有，但它也不是永恒的。人死为鬼，但也有人死了不为鬼，成神了。我们祭祀祖先的时候，不是把他当作鬼来祭祀的，我们对祖先非常尊敬，可以说就是当作神来祭祀的。一切生命都有魂魄两个部分，魂是清气上扬，魄是浊气下降，所以魂魄就是一个生命的肉体和精神。人死了这个魂就上扬了，清气散了，除了刚才所说的冤魂不散；魄，就是尸体，就埋在地下了，所以魄也找不到了。祖先死了以后也是同样的，那我们为何祭祖先？最初祭祖，只是表示心里对祖先的一种怀念、一种感情。怎么办呢？首先从族群中寻找一个和祖先长得最像的人，把他装扮成祖先，坐在那儿，代替他，大家都来拜他，这个人叫什么？叫作“尸”，是活人，不是尸体，大家拜他，表示对祖先的崇敬之情。后来这个“尸”不用了，就变成什么了呢？变成了一个象征性的、寄托性的牌位，即所谓“神主”，“尸”就演变成了“神主”牌位。“主”不是主人的意思，而是依靠的意思，“神主”指神之依附、依靠，神依附在其上，所谓神依附的地方。所以中国古代和早期佛教一样，是“无相”的。佛教最初也没有塑像，佛教的塑像是受了希腊文化的影响，公元一世纪以后，大乘佛教兴起后才逐渐开始塑像，但最终思想还是离相、无相。中国传统的文化中最初也是“无相”的，是由“尸”发展为“神主牌位”。

以民为天

春秋时还出现过一股思潮，认为“民”即是神主，认为“天听自我民听，天视自我民视”，天的视听要通过人民的视听来体现。

当时还有一句很有名的话：“民者神之主也。”这里并非讲“民”是神的主人，而是讲民是神所依靠、凭借的。中国人祭祖就是祭神主牌位，后来人们就解释：祖先死了当然无影无踪了，魂气都消散了，而子孙们要专意精诚，精诚所至，祖先的神就会依附在神主牌位上来享受、接受供养祭品，祭祀仪式完成之后，他们就上去了，这是宋明时期理学的解释。

所以，从中国的整个文化发展过程中，我们可以看到鬼神的概念都不是我们现今所理解的鬼神概念，不是人格化的、形象化的，所以为什么要“敬鬼神而远之”，“未能事人，焉能事鬼”？人事都做不好，怎么去做鬼事神事？所以，把人事放在第一位，这可以说是中国从西周以来已经确定、奠定的主流思想的大传统。当然，除了这样一个主流思想，我们也并不能无视大传统文化下的小传统。民间有各种各样的对于鬼神的理解，往往把神和鬼都形象化了、具体化了、实体化了，甚至可能还有许多装神弄鬼的人，当然这和大传统文化是有差别的，这是支流。

我觉得这点必须要说明，每一种文化中都有大传统及小传统，有主流及非主流，有精英文化及大众文化，主流文化就是大传统，就是精英文化。我们这里讲的就是中国文化主流的基本理念，那就是人本的理念和人文的精神，它是以人自身品德的提升作为最根本的安身立命的方法。所以在中国人的整个文化中间，后来意义上的“神”“鬼”的地位，特别是神的地位，并不是十分崇高的，也不是非常神圣化的。最崇高的还是“人”，还是人事。

举例来讲，春秋有五霸，战国有七雄，春秋第一个称霸的是齐国齐桓公。齐桓公有一天问丞相管仲，作为一个君主，一个王，应以何为最重？管仲就告诉他："王者以天为最重。"齐桓公一听就抬头望天，看了半天也没有看出什么名堂，管仲就告诉他，我所说之天，岂是苍苍之天，王者以民为天。接着分析道，你得民心了，你的地位就稳固了，国家就安定了，如果老百姓对你不满意了，你就危险了，国家就有难了，就混乱了；如果老百姓都起来反对你，你的国家就要灭亡了，所以王者以民为天。因此我们可以看到，中国人的"天"，并不一定就是"上帝"，也不是什么神，它是指最根本的东西、最重要的东西，因此百姓常常讲"民以食为天"，没有粮食就会饿死。"王者以民为天"，是说君和民的关系就如同水和舟的关系，"水可载舟亦可覆舟"，水既可以让船稳稳当当地运行，也可以以巨浪将船掀翻；水就是民，船就是政权。这就构成中国以民为本、民为邦本的理念，民是最根本的，人是最重要的。

礼乐教化的文明特质

由此就形成了中国这样一种人文精神、礼乐教化的文化体系。礼乐教化，是文明的象征。"文明"这个词也是《周易·系辞》里面出现的。礼乐的兴盛，就是文明的标志。中国文化传统是把"人"而不是把"神"放在最根本的地位。

近代一位著名的思想家章太炎对中国人的国民的常性，就是国民通常最根本的性格，做了一个分析，非常有参考价值。他说："国民常性，所察在政事日用，所务在工商耕稼，志尽于有生，语绝于无验，人思自尊而不欲守死事神，以为真宰，此华夏之民所以发达。"(《驳建立孔教议》)"所察在政事日用"，察指观察、考察，日用指人伦日用；政事指社会，社会的治乱、历史的经验教训等。简单地讲，人们所关心的都是很现实很具体的事情，是我们现实生活当中的现象。

那么"所务"呢？"务"就是去做，国民关心的是这个，做的是什么呢？"工商耕稼"，也是很实际、很具体的事情，所以中国人的常性就是关心很具体的事情。"志尽于有生"，是说他的志向就在这一生，死后的事情不太关心。在这种思想下面，往往人们就讲中国人只讲生不讲死，对终极关怀的问题没有触及，所以这也是佛教能在中国存在的一个原因，即佛教恰恰补充了这种不足。

"语绝于无验"，"语"指说话、谈论，"验"就是指经验、验证，没有验证的事情就不去谈，也就是中国人经常强调的"知之为知之，不知为不知，是知也"，这是孔子的话。老子讲："知不知，上；不知知，病。夫唯病病，是以不病。圣人不病，以其病病，是以不病。"有很多事你不了解、不明白，就不要谈它，这就是"上"。"不知知"，以不知为知，夸夸其谈，这就是"病"，庄子也讲"六合之外，圣人存而不论"，六合就是指东南西北上下、宇宙世间之义，天地之外的事，圣人是存而不论，不去说它；又讲“六合之内，圣人论而不议”，就是在宇宙之内的事情，是什么样就是什么样，至于为什么是这样，为什么又是那样，不要去讨论，所以“语绝于无验”，无验的事情，不要去讨论，我们讲的是有验的事情。

“人思自尊”，人们想的事情，主要是如何成为一个真正的人，“而不欲守死事神，以为真宰”，但并不“事神”、将神看作主宰，而是人自己自尊自立，自作主宰，这也是相比较于西方思想文化而言的。“此华夏之民所以为达”，达指旷达、豁达。现今很多人都认为，将事物了解到究竟，追根到底，才是科学的精神，但其实往往是追求不到底的，有很多事情，我们还不知道；更有很多事情，可能我们永远不能知道。如果你一意要追到底，从佛教的话来讲就是被“所知障”锁住了，钻了牛角尖出不来，就会走进死胡同，甚或可能走上邪路，就不旷达了，就不豁达了。所以中国人认为“知之为知之，不知为不知”，这才是真正的旷达。

我觉得章太炎这个说法，应该说至少从一个方面把中国国民性的特征，给揭示出来了，特别在人神关系上、在虚实关系上、在生死问题上，把这个特征给揭示出来了。中国近代著名思想家康有为也曾分析说，西方的宗教可称之为“神道”的宗教，而中国的宗教可称之为“人道”的宗教。也就是说，在中国文化中对人伦关系的关注，远过于神人关系。

我们常讲，佛教能够在中国生根开花结果，这和佛教自身包含的人文精神也是息息相关的。佛教是一种什么样的宗教呢？它是依靠人自身的智慧和毅力求得解脱的宗教，这同刚才讲的“人思自尊，而不欲守死事神，以为真宰”是非常契合的，中国文化也是非常强调人的自尊，人的自我提升。也正因为这样，佛教所以能在中国生存，而且不仅生存，还开花结果，融入了中国文化的主流，水乳莫辨。而在印度，由于佛教与主流思想婆罗门教（后延续为印度教，一直至今）是相违背的，反而被视为异端，所以很难生存，13 世纪后在印度本土就基本绝迹了，却在中国得到了迅速的发展。

因此，了解了中国文化的总体特征，才可以去谈论对宗教的看法。脱离了中国宗教赖以存在的整体文化环境，是不可能准确揭示中国宗教的特点的，只有从中国的整体文化特点入手去分析，并由此归纳出合乎中国宗教发生、发展、变迁等规律的相关宗教学理论，中国宗教文化的研究才能真切，也才能深入。

中国传统哲学的思维底蕴

哲学是一种形而上的学问。在哲学中，除了价值观念，最核心的就是思维方式问题，我们做任何事情，都要面对怎样去解释、认识等问题。中西哲学的差别，不是简单的形式上的差别，而是类型上的差别。要把握数千年的中国传统文化，就要懂得中国传统哲学的特点，这样才不至于雾里看花、隔靴搔痒。

整体关联

中国人的思维方式非常注重整体关联。任何事物都不是孤立的，而是关联在一起的。事物的任何一个部分，都不能孤立到整体之外去，更不能用它来说明整体的问题。只有把部分放到整体中去，才能正确认识它。部分在整体里的任何变化，都会直接影响到整体，整体的变化也同样会影响到各部分。这就像太极图一样，图中有阴，也有阳，阳长阴消，阴长阳消，而阴阳又是互根的，阴中有阳，阳中有阴，阴离不开阳，阳离不开阴。正因为如此，中国的思维方式不是简单的非此即彼，而是强调此离不开彼、彼离不开此，此中有彼、彼中有此，此会转变为彼、彼会转变为此。总之，彼此是一个整体。

在古人心目中，不论事物、现象有多么复杂，都可以用“道”来贯通。可以说，中国文化就是“道”的文化，孔子讲“士志于道”。我们要求道、悟道、证道、传道，用“道”来贯通一切。汉代河上公注的《老子》很有意思，他认为《老子》中的很多道理既可以用在修身上，也可以用到治国上。“论病以及国，原诊以知政”，这句话是说我们可以把对人体的认识运用到政治团体上，人体是“体”，集体不也是“体”吗？

贺麟先生说过：“儒学是合诗教、礼教、理学三者为一体的学养，也即艺术、宗教、哲学三者的谐和体。”不仅古代中国文化如此，从全世界来看都一样，从源头上来讲学科不可能分得那么细。像柏拉图、亚里士多德等古代的学者都不只是某一学科的专家，他们都是通才。

动态平衡

中国传统文化强调中庸之道，为什么要讲“中”呢？因为“中”就是保持事物的平衡。如果失去了平衡，就会产生偏差。“中”即适度，既不过，也没有不及。事物的平衡不是静态的、固定不变的，而是变动的、相对而言的。在这个时间、地点取得了平衡，到了下一个时间、地点又不平衡了，又得再调整，达到新的平衡，这就是动态平衡。比如，中医认为，一切疾病都来自于身体阴阳的失衡，也就是偏离了中道。一个人的身体，由于内伤和外感，阴阳也就不断地处于不平衡的状态。有些外感是无法避免的，所以我们要注意调整自己的生活，以适应外界的各种变化，从而达到一个相对平衡的状态，这样才能保持自己身体的健康。

章太炎讲过，西方哲学关注的是物质世界，物质世界相对来讲是静止的，因此可以对它进行细致的、精确的、静态的分析；中国哲学关注人，人世间的事情是变动不居、瞬息万变的，不可能用静止的方法，而只能用动态的方法来整体把握。近一百年来，我们都在用实证科学的方法来研究人文，而现在情况有逆转的倾向，自然科学开始引进人文方法来开展研究，也关心整体关联、动态平衡，并注重个体差异。

自然合理

中国文化主张自然合理。只有符合事物的本来状态，才是最合理的，这就是自然合理。这里的“自然”，是指自然而然，是万事万物的本然状态。自然合理就是中国的科学思想，它强调一切都要合乎事物的本性。从大禹治水到李冰治水，其指导思想就是顺其自然、自然合理。大禹看到水总是要往下流，就疏通河流，让水能够顺畅地流下去，所以水就治好了。李冰看到水位是波动的，就不用死的、硬的坝栏，而是在竹篓子里装上石头，放在水里，随着水波流动，它也会起伏。顺其自然的思想，适用于一切方面，既适用于个人、社会，也适用于整个大自然。不顺其自然，个人、社会、大自然都会得病。同时，大自然本身也在不断调整，我们要顺应它本身的发展趋势，帮助它取得平衡，而不是去破坏平衡。

现实中的人和人是有差别的。荀子曾引用《尚书》中的“惟齐非齐”来谈他对平等观念的理解。孟子说过“物之不齐，物之情也”，如果都按照同一个标准去对待万物的话，那当然就“不齐”了。究竟是“齐”，还是“不齐”，不能只看表面现象。“惟齐非齐”四个字背后蕴涵着自然合理的思维方式。先秦儒家讲“惟齐非齐”；宋明理学家讲“理一分殊”，其根本精神是一致的。“等闲识得东风面，万紫千红总是春”，这是对“理一分殊”哲学思想的形象化表达。

自然合理就是要顺应事物的发展规律，并尊重事物的个性。自然合理的一个重要特点就是个性化，这跟现代科学的普遍适用于万物的标准化不一样，它注重的不是一般性，而是主张要符合事物的特殊性，不是用一个统一的、量化的标准去规定，而是针对事物的特点灵活、多角度地处理问题。西方近代的思维方式是科学合理，把普适性放在第一位。但事实上科学上的真理也是在一定的范围内才适用，离开这个范围就不适用了，比如说，牛顿的经典力学就只适用于宏观物体低速运动的情形。

客观世界是很复杂的，是整体关联、动态平衡的，要达到自然合理才能相对符合事物的特性。随着现代科学的发展，人们也发现越符合事物的本然个性，就越合理。

中国传统文化的根本精神是自我管理

我们现在提倡学习优秀传统文化，倡导文化自信，并把文化自信提到了“四个自信”的高度。而要建立文化自信，我们首先要了解、热爱中国传统文化。

中国传统文化一直强调全面地看待事物，整体地看待世界、社会和人。因此，中国人很少走向好就是绝对的好、坏就是绝对的坏的片面或极端。但对中国传统文化中的礼教，我们曾走过极端。曾经我们一提起礼教，就想到“吃人的礼教”，而看不到礼教全面的东西，不了解礼教是构建社会秩序的重要手段。在中国传统文化看来，人跟动物的区别就在于人类能够通过礼教来管束和规范自己的行为，从而使我们每个具体的人能够同他人以及我们生存的环境建立一种和谐的关系。

关于人，中国传统文化中既有性善论的观点，也有性恶论的说法。然而，不管哪个说法，既不是说人生来就是善的，也不是说人生来就是恶的，而是说从根本上来讲，人是可以为善的。如果人不能管理好自己，就会发生相互间的争斗、残杀，最后就变成了恶。

提倡性恶论的荀子认为，人跟万物的区别就是有义，所以人的思考、行为要符合义的规定。而礼教让我们懂得什么是义，并教会个人根据自身身份角色，明白什么该做、什么不该做。必须做的，就是责任、义务。比如作为父母，对待子女就得生而养、养而教；作为子女，就应当养老、尊老、敬老。礼，让我们明白自己的身份，然后按照自己的身份规范自己的言行举止，去尽自己的职责，即自我管理。人作为人就体现在礼乐教化让我们每个人懂得自身的身份、角色以及相应的责任和义务。同时，作为整体的人类，在和世间万物相处中，也要懂得管住自己。

不仅荀子思想，整个中国传统文化的根本精神就是自我管理、自我约束。人通过认识自己来管理约束自己，即由自觉提升到自律。中国的儒佛道三教都有这样的特点。儒家讲求成为圣贤，要不断提升自身的智慧和德行，智慧和德行完备的人，就是圣贤。道教讲求修成仙人，什么叫仙人？能够保持一个最纯真本性的人，就是仙人。佛教讲求成佛，什么叫佛？佛就是一个觉悟的人，明白了人生的道理，超越生死轮回，能够放下，那就是佛。

可以看到，整个中国的儒佛道三教的文化都是讲求人的自我觉悟、自我约束、自我超越。也只有这样，我们才能够处理好身心关系，处理好人与人之间的关系，处理好人与天地万物的关系。如果不能管理好自己，违背自然规律，任意妄为，我们生存的环境就会岌岌可危，人类也将自我毁灭。

中国传统文化中自我管理的精神，在今天非常有意义。人如果能够真正觉悟到这一点，认真学习其中的精神内涵，在社会中不怨天尤人，管好自己，我们这个社会和世界也就能够真正走向一种和谐的生态文明。

中国文化的自觉自律精神

在人类社会中，存在着人与人之间的各种关系。在人与人的关系中，又有内在的和外在的关系。在中国文化中，宇宙万物都是自然生成的，不是造物主造出来的，物与物之间有着内在的关系。人与人之间内在的关系，体现为生命之间的血脉联系。中国文化历来都是一个多元的、包容的文化，在形成自己主体的根基上，吸取其他文化有益的部分来发展自己。在人与人的关系之间，中国文化强调的是“向内”而不是“向外”，强调任何事情都要反求诸己、反躬自问。中国传统文化强调人文精神。什么是人文？人文就是指人的文化。文是什么意思？文就是纹饰、纹路、纹理。人文精神简单讲就是人要做装饰，不能赤裸裸的。如果人像动物一样，赤裸裸地奔跑，那他就还没有进化成文明人。文明的人必须要加以装饰，必须要能够自我管理、自我约束。

《礼记·礼运》说："人者，天地之心也，五行之端也。"人在天地之中的位置，就像心在人体中的地位。人是集五行（金、木、水、火、土）的精华而成的。人的一言一行、一举一动，都会让天地万物发生各种各样的变化。所谓"天人感应"，天地本有自己运行的规则，但人去干预以后，天地就会发生各种各样的变化。人是很渺小的，但他又能对整个万物的变化产生作用。道家讲顺应自然，"辅万物之自然而不敢为"，就是告诫人们要认识万物自身发展的趋势，不能按照人类的想法去随意改变。

中国的教育传统是"为己之学"。《论语》说："古之学者为己，今之学者为人。"《荀子》说，"为己之学"就是君子之学，就是"美其身也"，让自己的人格更加完美。"为己之学"，就是"入乎耳，箸乎心，布乎四体，形乎动静"的过程。而"为人之学"，就是"以为禽犊"，把学习当作一种积攒财富的手段，然后拿着这些财富去做交易。荀子讲，为人之学没有对人生产生任何的作用，只不过是贩卖家而已。

中国文化认为，一切的学习都是为了提高白身。《大学》说："自天子以至于庶人，壹是皆以修身为本。"中国文化又是一种"修身文化"。《大学》有"三纲领""八条目"。"八条目"其实是一个修身过程。朱熹在《大学章句序》中，把它分为"小学"和"大学"两个部分。小学的年龄段是八至十五岁，主要学习洒扫、应对、进退之节（日常的生活规范）和礼乐、射御、书数之文（六艺）；十五岁之后入大学，学习的是穷理、正心、修己、治人之道。这是对“八条目”的简化与总结，强调把自己“修”好，才能“治人”。中国文化的根本特色，是管好自己、管住自己。

孔子思想中最重要的，就是强调“仁”的概念。孔子之所以强调“仁”，是为了挽回春秋时期礼崩乐坏的状态。怎么挽回呢？就是把你一切的行为都回到周礼上去，回到原原本本的“仁”。《荀子》说：“智者自知，仁者自爱。”《老子》说：“知人者智，自知者明。”中国文化最根本的精神，就是自爱。只有自爱的人，才会去爱人，也才会被人爱。一切都要从自身做起，才是中国文化自觉自律的理念。

自觉自律，也是一种道德的观念。在先秦时期，“道德”是与“仁义”相对的。道德是一种天性，而仁义是一种规范。在某种意义上讲，仁义也就是一种修饰。“质胜文则野，文胜质则史。文质彬彬，然后君子。”能够把内心的质朴与外在的修饰结合起来，这才是真正的君子。外在的表现都是内心本质的一种表露。文明以止，也就是要通过外在的教育，让人明白“止”的道理。

所谓的“礼”，它的作用在什么地方？“礼别异”，就是通过礼，让我们认识到人与人之间的不同状态及区别。人与人是平等的，但不等于人与人的身份是一样的。我们要通过礼来认识不同的身份，还要认识到不同身份背后担当的责任和义务。作为父母，“生而养，养而教”就是他们的责任；作为子女，

“父慈子孝”，对应的责任就是孝（还包括顺、敬等）。父母养育子女，子女孝敬父母，是一个自然的过程。魏晋玄学家王弼对“孝”的定义最为妥帖：“自然亲爱为孝。”孝是一种自然亲爱的伦理。相比于西方文化，中国的传统文化更强调职责，强调尽伦尽职。教导人们通过礼乐教化明白自己的身份，然后按照自己的身份去尽自己的职责。人类不仅需要自我管理、自我节制，还需要把这种管理与节制扩之于万物中。现在我们强调“生态伦理”很重要，但还要建立“科技伦理”。什么是“科技伦理”？就是在我们人有能力去做的时候，还要考虑该不该做。要更多地考虑到我们跟万物的关系，考虑子孙万代的事情，考虑到能不能可持续发展。这是一个人的自我认识问题，也是一个科技伦理的问题。我们人要有一种自觉性，也需要发扬中国文化的自觉自律精神。

人文文化，还可以相对另一面来讲，就是“物文文化”。物文文化，就是一切以物为中心。20 世纪的两次世界大战，引起了西方很多人的思考。人从神的光环下站出来了，本来应该更理性。可是，人怎么能做这样没理性的事情，去发动战争呢？一切战争最后的目标，不就是争夺资源和财富吗？为了争夺资源财富，人类可以互相残杀，做出非常不理性的事。人的自我主体丢失了，变成了物的奴隶。有的学者提出：我们现在还应举起人本主义的大旗，被称为“新人本主义”。也就是要重新树立人的主体性，回归自我。但真正要做起来，却是很困难的事情。

中国宗教的十大特点

中国文化具有自身的特性，而这些特性也相应地影响了中国宗教的发展及其特点。

第一点，欧洲中世纪曾经出现过宗教占主导地位的时期，也就是我们常讲的“神权高于王权”。这一时期基督教在社会中占绝对的地位，它支配王权，而王权也服从于神权的支配。相反，在中国的历史上，神权一直是依附于王权的。在中国的传统观念中，王权受命于“天”，王自称“天子”，他是一切神在人间的最高代表，所以中国历史上没有出现过“神权高于王权”这种情况，而是由王权来统治神权的。因此，中国古代只有天子才有权利来祭天，别人没有这种权利。中国西晋时有一位高僧道安法师，根据中国的情况，提出“不依国主，则法事难立”，佛教如果不依靠作为人间最高代表的“王权”，佛法就很难推广。这是一个非常具有代表性的思想，同西方的宗教发展情况有很大的不同。

第二点，中国的宗教特别是在中原地区或者汉族地区，很长时间都是停留在祖先崇拜、自然崇拜这样一种原生态的阶段。它的信仰都和“宗族”有密切的联系，和自然界各种各样的神有密切的联系，形成多神的信仰。因此，中国在宗教的发展过程中也曾出现过各种各样神的名字，甚至是至上神的名字，但是从未出现过一神的崇拜，始终是一种多神的崇拜。这也决定了中国多数的、一般的民族当中很少有单一的民族信仰，宗教信仰也是多样的。这就是我们常讲的中国人在宗教信仰上是“见庙就烧香，见神就叩头”，而不太强调我们信的是什么宗教。

第三点，中国一般民众的宗教信仰注重的是俗世中的功利目的。著名社会学家费孝通先生在一本书里讲到中国人对鬼神的信仰也是非常实际的。供奉鬼神为的是风调雨顺，消灾免难。中国人的祭祀很有些像请客，像疏通人脉，像贿赂。我们的祈祷是许愿、哀求，而鬼神给予我们的是利益，是财富，或者是一种公道，而不是一种理想。从这里我们可以看到，中国人在信仰上是非常讲实际功利的，对于有效果的我们就信，没有效果的我们就换一种。

第四点，我们在宗教教育上比较强调入世的精神，或者是表现为伦理的、人道的精神，这点非常明显地体现在佛教上。佛教创立于印度，本来是出世精神非常突出的一种宗教。到大乘佛教时期，由于在教理上对“空”以及“中道”思想理论的阐释，在教义上则强调“世出世不二，烦恼和菩提不二，生死和涅槃不二”，即离开烦恼不可能有菩提，离生死不可能有涅槃。在《维摩诘经》中很多地方讲到了这种思想，如“生死即涅槃”，“烦恼即菩提”，“入世即出世”这样一些说法。佛教传到中国以后，就将这些思想非常具体地运用到了实践当中。特别是中国的禅宗，强调“佛法在人间，不离世间觉，离世觅菩提，恰如求兔角”。离开了人世去寻找菩提，就如同寻找长角的兔子。禅宗进一步发挥了这种思想，认为“即心即佛”，强调要悟本心清净，而不求心外清净。发展到后来，禅宗就提出了这样一个口号“以出世心，做入世事”。所以，中国的宗教不太注重彼岸的世界，而更注重此岸世界，注重建设此岸世界的净土，在此岸获得解脱，这也是一个非常重要的策略。

第五点，由于中国宗教的特点是王权统治神权，所以统治者从总体上来讲对各种宗教都采取了比较宽容的政策，也可以讲是“为己所用”的态度。这样，在中国各个宗教都可以得到一种相对和平的发展环境，不像在欧洲，神权占有绝对地位，凡是不符合基督教的一律被排斥、一律被取消。但我们也要看到中国历史上曾经发生过“三武一宗”的灭佛运动，四次佛教的劫难。在这四次劫难中，往往都是通过道教来反对佛教。这其实只是一个表面现象，反映了不同的政治团体之间的斗争，以及经济利益的斗争。历史上如果有一派政治势力支持道教，另一派政治势力支持佛教，政治的斗争就会借用道教来反对佛教，因为佛教支持了另外一派。虽然形式上是教派的斗争，实际上却是政治斗争，归根到底在很大程度上都是经济利益的斗争。几次灭佛运动，背后都是由于佛教在经济层面对整个国家的经济收入产生了很大的威胁。这是因为首先佛教集中了大量的社会财富，其次出家人可以逃避劳役，出家了以后就不用服劳役、不用纳税、不服兵役。这样一来，出家的人数太多，就会影响国家的财政收入，造成劳动力的缺乏。几次灭佛运动产生的根本原因，基本都在这方面。一方面，因为王权统治神权，在中国没有发生过正面的宗教冲突，更没有发生过宗教战争，决策者对各种宗教都采取了比较宽容的政策。另一方面，中国的宗教都具有融合的精神，无论佛教、道教以及儒教，它们都是分合交替。虽然内外部有斗争也有分裂，总体上讲更注重相互的融合，相互的补充，相互的吸取。我们常常讲中国的宗教都是互相影响，你中有我，我中有你。尽管这样，它们又能保持各自的本来特色。我们还可以清楚地把儒、释、道区分开来，并没有因为相互影响而将另外的一个宗教消灭了。

第六点，中国的宗教非常注重明理和体悟。我们前面讲到过章太炎所说的话，他主张将佛教作为国教，因为佛教符合科学的时代精神，是无神论的，其思维方法是辩证的。同时，章太炎还有一个说法很有意思，他说，佛教和基督教相比有很大的不同，基督教是纯粹的宗教，因为它的理论的正确性并不以自己的思想论述为标准，而是以上帝如何讲的为标准，也就是说，基督教绝对服从上帝的说法，上帝说什么就是什么，上帝讲的就是绝对正确的，上帝是全知全能的。与此相反，佛教里的是非是以自己的思想认识为标准，不必完全执着于佛所讲的言教。禅宗讲“指月”，《金刚经》讲“如筏喻者，法尚应舍”，这就说明中国的宗教非常注重明理。注重明理即是讲究自己去悟。佛是以一音说法，而听者则有各自不同的理解。所以释迦牟尼佛反复强调，他讲的法只不过是一种方便，最终需要人自己体悟它、认识它。可以讲它不是盲目的信从，重明理、重体悟，于是就非常注重心性的修养，自我的觉悟。如果学过禅宗，读过六祖《坛经》，就知道这个特点在禅宗里面表现得最为突出，所谓“心迷法华转，心悟转法华”。这个特点说明，中国的宗教都非常注重自力的解脱，自力是同他力相对的。不仅在佛教中注重自力，这也是中国传统文化的一个特点。儒家的思想非常强调自身的修养，以提升自己道德境界作为最根本的方法。我们在《大学》里读到“修身、齐家、治国、平天下”，这里面的关键是修身，修身是每一个人必须做的，《大学》也讲“自天子以至庶人，壹是皆以修身为本”。所谓修身就是自我修养。儒家的理论注重道德的养成，首先就是要通过教理，包括社会的教理、家庭的教理，但最根本的是要靠自己的觉悟。所以孔子提出“仁”的道德概念，认为“为仁由己”。因此中国的宗教非常强调自己的解脱，“人”自己才是根本。

第七点，中国的宗教分为几个不同的层次。前面讲过有精英文化的层次和大众文化的层次，而这两个层次在宗教信仰的表现方式上是完全不同的，同时也是相互影响的。

第八点，中国的宗教缺乏强烈的传教精神，这和中国的传统文化有着密切的关系。儒家的理念讲究“礼闻来学，不闻往教”。你应该主动跑来向我请教，没有听说我主动来教你。这和基督教的传教有很大的不同。基督教具有主动性、强烈的传教精神，到处去劝说别人去信教。儒家和佛教的思想也很接近，佛教也讲“佛度有缘之人”，基本上也不是非常主动地去强迫别人、去拉别人，而是“愿者上钩”。因此中国的宗教信仰完全是自愿的，或者说是用和平的方式进行传教。

第九点，中国的宗教保持原始状态的比较多。中国是一个多民族的国家，所以民族地区的宗教非常丰富，各个民族都有自己本来的宗教信仰。这些民族地区的宗教也有它自身的特点，有的是全民族的信仰，有的又和民族的传统紧密地结合在一起。民族地区的宗教对它的社会作用非常大，这样一来就形成了中国宗教的多样性。

第十点，中国的宗教是“矛盾现象的结合”。在中国的宗教中，仪式的规范大于信仰的规范，即形式的内容超过信仰的内容，这在中国有很突出的表现。所以我们看到，在中国的宗教生活中，做法事都很热闹，而信众就像参加庙会一样，在信仰上没有很严肃的要求。比较一下就会发现，我们的道观、寺院做法事的情况和基督教堂做礼拜的情况有很明显的差别。这些差别主要表现在仪式的形式和信仰的内容上。但从另一方面看，有时候我们又很不注重形式，要破除这些形式。比如中国的禅宗，就是要破除外在形式上的东西，如“坐禅”。禅宗讲“行亦禅，坐亦禅，语默动静体安然”，不要拘泥于禅的形式，甚至不要拘泥于对佛、对经崇敬的各种形式，只要心中有佛。在这种情况下甚至出现了许多“呵佛骂祖”的情形，也可以说是走向了另一个极端。

总体来讲，可以这样概括：世界上其他的宗教都是把神人关系看得比人与人的关系更加重要，如西方的基督教，主张爱上帝，因此爱上帝的心超过爱人的心，哪怕你去爱人也是为了爱上帝才去爱人。但是中国人从来就不主张爱神超过爱人。因此在中国就没有一个高高在上、绝对权威的神的概念。中国人往往把对神的爱看成和对人的爱一样，用人与人之间交往的态度来对神，与己相应者则拜，如关帝庙、岳王庙、药王庙、财神范蠡及纺织神黄道婆，等等。

所以，总括这些中国宗教的特点，我们就可以看到，如果我们以西方的理论来研究中国宗教的话，那就有很多地方是格格不入的。中国没有一个唯一的神的概念，我们认为神人关系就如同人与人的关系，二者是一样，我们没有对某一个神绝对的崇敬，而是哪一个神对我好，我就去哪儿。我们不是靠神的力量来解救自己，而是靠自己的力量来解救自己。我们不是把一切希望都寄托在彼岸世界，而是注重在此岸世界来实现自己的解脱。西方宗教的研究方法是根据西方的文化背景和特点概括出来的，显然它并不完全适合中国宗教的这些特点。正因为这样，我们很需要了解中国文化，了解中国宗教的特殊性，应该用我们自己的宗教观念来研究中国的宗教，这是一件非常重要的事情。

第三章 人文信仰的价值关怀

礼教的社会教化意义

“文化”是通过礼乐的教化，让人们遵循做人的行为规范、社会的行为规范。后来“文化”的概念扩大了，但儒家最重视的还是通过礼乐教化来使人们懂得做人的道理，达到道德上的自我约束和提升。所以，礼乐教化也可以说是整个儒家文化的核心。

“礼”是让我们辨明社会中每个人的身份，明白与这个身份对应的责任和义务，然后按照所应当承担的责任和义务去做人、做事。人是一个有组织的群体，儒家的荀子把人跟动物作了两个方面的比较。

首先他把整个宇宙的天地万物作了一个简单的分类，分成四大类。一类是水火，水火就是一股气，没有生命，所以水火是“有气而无生”。第二类是草木（植物），草木有气也有生，但没有“知”，就是没有感觉、情感。第三类是禽兽，禽兽有知觉，有情感，有气有生亦有知，但无“义”，就是不知道自己什么该做，什么不该做，它的一切都是受自然支配的。只有人，有气有生有知亦有义。所谓“义”就是懂得什么该做，什么不该做，应该走什么样的路。“义者宜也”，“义”就是告诉你什么该做，什么不该做。孟子在讲到“仁义”的时候说：“仁者，人心也；义者，人路也。”“仁”是讲人心的，要有爱心、恻隐之心等，“义”就是告诉人走正路，不走邪路。做事要适度，既不“过”，也不要“不及”，这就是“义”。

荀子还说：“人，力不若牛，走不若马，而牛马为用，何也？人能群，而牛马不能群。”荀子提到的这个“群”的概念，就是我们常常讲的人的社会性，人是社会性的动物。

在这个有社会性的群体中，有各种不同身份的人。儒家用什么词来表达呢？就是“伦”。“伦”是类的意思。人是分成不同类的，人伦就是探讨社会中人与人之间的不同关系，所以儒家推崇“礼”，进行“礼”的教化，最终的目的是要达到让我们每个人都能“明伦”，即明白自己是属于哪一类的。在所有的孔庙中，一定有个大殿，上面挂着一块牌子，叫“明伦堂”。这就是儒家礼教的根本目的——让我们每个人都能“明伦”。儒家强调从自己做起。怎么从自己做起？就是每个人都要明白自己的身份或者是“名分”。礼教最后就是给你确定一个“名”，因此在历史上也称为“名教”。礼教即“名教”。

儒家把整个社会的人与人之间的关系分成五大类——君臣、

父子、夫妇、长幼、朋友。“明伦”就是要明这五伦，明白社会中人与人之间的这五种关系。这五种关系里面的每一个身份都有它的职责，做父母的有父母的职责，做子女的有子女的职责，等等。通过礼的教育，明白每人的身份以及这样的身份应该承担的职责，自觉地实践自己的责任和义务。这就是儒家礼教最终要达到的目的——每个人都要尽伦尽职、尽伦尽责。如果能够做到这一点，我们的社会就有序了，就和谐了，就安定了。

礼教或“名教”有没有约束作用？当然有，而且有很强的约束作用。让你自觉去约束自己。如果有人想不受这个约束，觉得这种约束压制了他的个性，那么这个礼教在他心目中就可怕得很，可是当他认识到“礼”是让他懂得怎样做人，因而应该自觉地遵循礼的规范时，他在这个范围内是可以“纵心所欲”的。

儒家崇拜的是“天地君亲师”。荀子将其概括为“礼”之“三本”。“天地者，生之本也”，天地是生命的本源。“先祖者，类之本也”，先祖是这一类生命的本源。“君师者，治之本也”，“治”就是治己治人。让我们懂得做人的道理，懂得跟其他人相处的原则。总之，礼教的目的，就是要让我们懂得做人的道理。而这个道理，不是靠外在的力量，而是靠我们每个人的自觉，“为仁由己”。

这个与礼密切相关的“仁”的概念也值得进一步阐释。“仁者爱人”。“仁”就是一个人具有同情之心、恻隐之心。但是

“仁”更重要的含义是对自己的约束。孔子主张通过“礼”的教化，培养一种“仁”的品德。《论语》中有上百处对“仁”的解释，最重要的就是孔子说的：“克己复礼为仁。”其具体的内容是：“非礼勿视，非礼勿听，非礼勿言，非礼勿动。”这不就是自觉的问题吗？所以“仁”是让人自觉地遵守道德规范。儒家非常强调人的主体性、能动性，你的德行如何，由你自己决定，不是靠外在的力量。《尚书》里面有一句话：“皇天无亲，惟德是辅。”皇天上帝不管你是否与我亲近，你有德，我就帮助你；你没有德，我就不帮助你。德是根本，“仁”就是道德的自觉。

在《荀子》的“子道篇”中，记载着一个故事，说有一天孔子分别问了他三个弟子关于对“仁”的理解，子路的回答是“使人爱己”，子贡的回答是“爱人”，颜回的回答是“自爱”。孔子听了以后对颜回的回答特别赞赏，称赞他为“明君子”。由此可见，“仁”也是一种懂得“自爱”的道德品德。

顺便说一下，佛教之所以能够在中国扎根、开花、结果，其中非常重要的内在因素就在于佛教也是强调自律解脱，强调用自己的智慧去觉悟人生，扫除无明，看清我们现象世界的本质（那种缘起性空的道理），从而超越自我。《涅槃经》里佛陀告诉他的弟子们，要“自作明灯”。就是你们不要依赖别人，要以戒为师，以法为依，依法不依人，自己做照亮通向觉悟道路的一盏明灯。正因为佛教具有这样一种内在的价值观念，所以跟中国的文化非常契合，最终走入了中国传统文化的主体结构

（儒释道三教乃中国传统文化的主体）。

儒家礼的教化还有一个重要目的就是培养人的敬畏之心。有所敬畏，就不能胡来；没有敬畏，就可以为所欲为。“人在做，天在看”“举头三尺有神灵”。至于这个神灵是谁，在每个人的心目中可以有不同，但是都要有所敬畏，哪怕你敬畏的就是自己的良心，哪怕你说我要对得起子孙后代，也是敬畏，为了你的子孙后代，你就不能乱来。信仰就是培养敬畏之心。

明白了这样一个道理，就会看到儒家的礼教在今天也还是很有意义的。但是我们不要把它等同于西方的宗教。我们的礼教就是我们的宗教；我们的理学就是我们的哲学；我们的诗教、乐教，就是我们的艺术教育。“礼”是让你明确自己的身份地位，要按照自己的身份地位来做事做人。例如，对长辈，对父母，就应该保持一定的距离，不能随便开玩笑，搞个恶作剧，那至少是不礼貌的。

佛教的起源及东传

佛教产生于印度，其创始人是释迦牟尼（约前 565—485？）。在印度，佛教经过原始佛教、部派佛教、大乘佛教、密教这几个阶段的发展。至 13 世纪初，由于中亚信仰伊斯兰教的一些民族入侵，致使佛教在印度完全消失。近代印度开展了复兴佛教的运动，于 19 世纪从斯里兰卡反传回来。

佛教，特别是大乘佛教，是一种蕴含着丰富哲理的宗教，其内容之广博深奥，其典籍之浩瀚，是世界历史上任何一种宗教都无法与之相比的。佛教教义的基本特征可以用四句话来概括：诸行无常，诸法无我，一切皆苦，涅槃寂静，即所谓“四法印”。这是佛教教义确立时，与当时印度其他宗教或学派相区别的标志，是为释迦牟尼所认可的。在原始佛教时期，佛教徒们即以是否合于此“四法印”，来判别佛法与非佛法的。这四句话里，可以说包括了佛教对于客观世界、社会人生、理想境界的全部基本观点。一切皆苦，是佛教对世界、人生的根本看法，是全部佛教哲学理论的出发点。释迦牟尼成道时所总结的“四谛”（四条真理），就都是围绕着一切皆苦来论说的。“四谛”，即所谓苦谛、集谛、灭谛、道谛。苦谛是说现实世界和人生的种种痛苦（即一切皆苦），集谛是说造成痛苦的各种原因和理由，灭谛是说消除痛苦达到理想的境界（涅槃），道谛则是说实现理想境界的方法。诸行无常是说，一切事物或现象都是迁流变动的、刹那生灭的，没有常住不变的事物或现象。佛教把那种主张有常住不变的事物或现象的看法叫作“常见”，认为是一种错误的看法。诸法无我是说，在一切事物或现象中没有常住的自我（相当于灵魂）或自性。人们如果不能认识“无常”“无我”的道理，而是执着于“有常”“有我”，那就是自寻烦恼，亦即是痛苦的原因。涅槃寂静则是佛教追求的最高解脱，是一种根本消灭了苦果苦因，摆脱了生死轮回的不可思议的境界。佛教的全部理论和方法，可以说都是从这些基本观点出发而铺展开去的，都是为这些基本观点作论证的。如，以缘起理论说明“诸法因缘生”，离开各种“缘”（关系或条件）也就不能生起诸法（一切事物和现象），从而证明“无常”“无我”的道理；以“十二因缘”理论说明人生的生、老、病、死的过程和原因，三世轮回的两重因果等。

在原始佛教那里，主张通过苦行来达到解脱，强调严格的戒律和远离尘世的出世主义。在现存原始佛典中，除了大量记述佛陀（释迦牟尼）生平和成道、传道事迹者外，主要内容是讲戒律的，其中包含着丰富的宗教道德规范和理论。到大乘佛教出现后，佛教的宗教哲学理论有了极大的发展，涌现出一大批杰出的思想家、理论家。如，马鸣（Asvaghosa，约公元1至2世纪）、龙树（Nagarjuna，约公元2至3世纪）、提婆（Aryadeva，约公元2至3世纪）、弥勒（Maitreya，约公元4至5世纪）、无著（Asanga，约公元4至5世纪）、世亲（Vasubandhu，约公元5世纪）等，都是其中著名者，是大乘佛教两大派理论的创始人。

前期大乘佛教是由马鸣、龙树、提婆创立的“中观”派（或称“空宗”）。这一派的主要理论，可以用龙树《中论·观四谛品》中的一首偈来概括：“众因缘生法，我说即是无（空），亦为是假名，亦是中道义。”为什么？龙树解释说：“众缘具足，和合而物生。是物属众因缘，故无自性；无自性，故空。空亦复空。但为引导众生，故以假名说。离有无二边，故名为中道。”这是说，一切事物以及人们的认识（甚至包括佛陀、涅槃等）都是一种相对的、相互依存的关系，是没有独立自性的（即没有实在的实体性）。因此，无论是说有还是说无，都只是为了引导众生而假设的名相（概念）。正确的途径是，既不落于有也不落于无，这就是中道的理论。“中观”派为了不落于断灭空，又提出了“二谛”说。对无明凡夫说俗谛，即说有；对上根菩萨则说真谛，即说空。他们为了彻底否定名相，给生灭、常断、一异、来去这四对范畴都加上了否定辞，即不生不灭、不常不断、不一不异、不来不去。他们的论证是十分抽象和烦琐的，他们的前提是否认客观世界的真实性，但在这中间也表露出了不少的辩证法思想。

接着而起的，是由弥勒、无著、世亲创立的“瑜伽行”派（或称“有宗”）。他们认为，世界上的一切现象，都是由人类的精神本体所变现出来的。他们称这一人类的精神本体为“识”，声称“万法唯识”，肯定“识”的实存性。在分析“识”如何变现为诸法，以及如何“转识成智”，证得圆成实的“真如佛性”等过程中，“瑜伽行”派深入地分析了人的心理活动，并对各种认识活动和心理活动进行了十分细致的分类，归纳为“五位百法”。其中有些是根据宗教的要求主观构想出来的，也有十分烦琐之处，但对于人们研究认识活动或心理活动也还是有一定参考价值的。

“中观”派和“瑜伽行”派在争论中不断互相吸收，大乘佛教后期发展的趋势，就是融合汇通这两派的观点。

密教是佛教与印度古代民间信仰，特别是婆罗门教相结合的产物。至公元7世纪形成了一套较为完整的经教仪轨，真正的密教才出现。而至8世纪初，密教则已在印度佛教中占据了主要的地位。密教以大乘佛教哲学为基础，配以系统的咒语（真言）、陀罗尼（总持）、仪礼、俗信，以及强调法身佛说法、秘密传法、即身（现身、肉身）成佛等，构成了它与显教相区别的特征。密教在8世纪传入我国西藏地区，发展为今天的藏传佛教，然在中原地区的影响则不是很大。

传入东南亚地区（包括斯里兰卡、缅甸、泰国、柬埔寨、老挝等）的佛教是部派佛教中的上座部佛教（也称为南传佛教）南传佛教注重实践，强调戒律，因此南传佛教大藏经（巴利文大藏经）也以律藏为主，其传统一直延续至今。

佛教大约在公元1世纪左右（两汉之际）传入我国，其中主要是大乘佛教。佛教传入我国后，经过与我国传统思想和宗教的冲突和融合，以及理论上形式上的自我调整，自4世纪起（东晋南北朝）即在中国社会中，特别是思想文化方面，发生了广泛的影响。同时，也就开始了创造性地发展佛教理论，探索建立适合于在中国土壤上扎根、生长、光大的佛教。到了隋唐时期，形成了许多具有中国特色的佛教宗派和理论。此时，佛教已在中华大地上生了根、开了花、结了果，已与中华本土传统文化融为一体，成为中华文化的一个有机组成部分了。其中，如天台宗、华严宗、禅宗、净土宗、密宗等，在我国文化史上、哲学思想史上、艺术史上，都曾产生过重大影响。佛教在我国发展过程中，同样也涌现出了一大批杰出的思想家、理论家。近代著名史学家梁启超曾说："六朝至唐数百年中，志高行洁、学渊识拔之士，悉相率而入于佛教之范围。"（《中国学术思想变迁之大势》）其间如道安、鸠摩罗什、慧远、僧肇、道生、智顗、吉藏、法藏、玄奘、澄观、慧能、宗密等，他们的成就，比起创立佛教的印度高僧来，一点也不逊色。没有隋唐时期佛学的理论成就，也就不会有宋明理学在理论上的成就。可以毫不夸张地说，自东晋南北朝以后离开佛教是不可能真正理解和把握中华历史、文化的精神的。即使在近代，佛教哲学对一大批资产阶级思想家也仍有极深的影响。而时至今日，中华大地上还有数不胜数的名山大川、文物古迹和民俗风尚等，是与佛教文化紧密联系在一起的。

中国佛教与印度佛教相比较，有许多不同的特点，而其中最重要的一点，就是中国佛教不断地向简易方向发展。《周易·系辞》说，“易简之善配至德”，“易简而天下之理得矣”。崇尚简易，这大概是中国人理论思维上的一大特点。因此，烦琐的佛教理论如果不进行一番简化的话，是不易为中国人所接受的。唐玄奘企图尽量恢复和保存印度佛教的原貌，他的佛经翻译忠实于原著，他所创立的法相宗，也力求保持大乘“瑜伽行”派的特色。但结果是，同一原典的汉译本，他的译本不如鸠摩罗什的译本流行，他所创立的法相宗两传以后就式微了。天台宗和华严宗在理论上都是融合了大乘空有二宗，通过综合简化，发展了大乘的哲学思想。但总的讲来，其理论体系也还是相当庞大和烦琐的，不易为一般信仰者所把握。所以，唐以后这二宗的传承也仅能不绝如缕而已。相反，以简易著称的禅宗和净土宗，则在我国得到了充分的发展。唐五代以后的佛教，主要是禅宗，或禅净合一者。由是，宋以后，禅学与佛教（学）

成了同一含义的概念，谈禅也就是谈佛。

禅宗是中国佛教创造性的发展。从理论上讲，中国禅宗的产生，就是为了反对佛教的烦琐哲学的。他们提倡以实修为主，不落言筌，不立文字。相传为中国禅宗创始人六祖慧能说法的记录，以后为禅宗奉作经典的《坛经》，就是综合了大乘空有二宗最基本的观点，以极其简练的语言（全文仅一万余字）表达出来的，唯一被称为“经”的中国著作。而在实修上，中国禅宗也改变了那种脱离现实世界，尤其是脱离现实自我的静坐求净的方法。他们认为，人人具有的佛性本来清净无为，没有烦恼缠缚（即所谓“本来无一物，何处惹尘埃”）。因此，人们一旦觉悟到自己的本性本来清净无为，也就得到了彻底的解脱。禅宗在开导人时，特别强调个人的主动性，他们认为，自性只能自觉，他人的觉悟不能替代自己的觉悟，别人至多只能引导一下。因此，禅宗大师从不告诉弟子们现成的结论，而总是用各种方法和手段去启发弟子们自己进行思考，想出解决问题的办法，得出自己的结论。这些方法和手段中，就有人们熟知的“棒喝”“参公案”“看话头”，等等。这里面虽有不少神秘主义的色彩，但也有一定的启发智力的作用。另外，禅宗要求人们做自家主人，不迷信权威（包括佛陀、祖师和佛典），这对解放思想也是有积极意义的。至今，禅宗思想在东西方社会中，还有着很大的吸引力，不少学者对之有浓厚的兴趣。

佛教大约于公元 4 世纪时由中国传入朝鲜半岛。其时，朝鲜半岛三国（高句丽、百济、新罗）不断从中国输入佛经和派遣高僧来中国求法，中国的各宗派亦先后传入，并由此建立起自己的佛教宗派。先是有五教（涅槃、戒律、法性、华严、法相）的成立，8世纪后禅宗传入，也有了教宗之分。朝鲜半岛的佛教，在其发展过程中，也产生了不少的高僧和名著。如，高丽僧义渊，新罗僧圆光、慈藏、义湘、元晓、圆测、道义等是为著名者。义湘、元晓都深通华严，前者被尊为朝鲜华严初祖，后者被尊为“海东师”，其所著之《华严经疏》《大乘起信论疏》等，世称为“海东疏”，对华严思想甚有发明。今天，佛教在韩国仍然十分盛行。

佛教大约于公元6世纪时首先由百济传入日本。经圣德太子大兴佛法，佛教在日本扎下了根。公元7世纪初，日本遣小野妹子使隋，并派留学僧数十名随行求法，开始由中国传入佛教。奈良朝时期，是由唐朝输入的佛教，当时有六个主要宗派，史称“南都六宗”（三论、法相、华严、律宗、俱舍、成实）。平安朝时期，留唐高僧最澄和空海，回国后分别创立了天台宗和真言宗。此时，日本佛教开始谋求与本土传统文化（神道）的调和，出现了所谓的本地垂迹说，即宣称佛为神之本体，神是佛的化身。这种情况，在佛教初传入中国时也发生过。当时也有所谓老子西去化为佛，佛遣三大弟子来中华传教，分别化为孔子（儒童菩萨）、颜回（月光菩萨）、老子（摩诃迦叶）等。至镰仓时代，又增加了净土宗、真宗、日莲宗、禅宗四宗。真宗、日莲宗是日本独有的宗派，真宗本是净土宗的支派，为亲鸾所开创，此派因承认和尚可以吃荤、可以娶妻受到欢迎，以后并为日本各宗派所接受。日莲宗以标榜恢复天台教义而创此新宗，鼓吹“唱题成佛论”，提倡念“南无妙法莲华经”的修行方法。禅宗是这一时期佛教的主流，得到幕府武士们的特别青睐，是武士的精神支柱，因此十分兴盛。留宋高僧荣西为日本禅宗之始祖，开创了具有日本特色的临济宗，其再传弟子道元留宋回国后则开创了曹洞宗。禅宗在日本获得新的发展，把参透“无”字放到最突出的地位，形成其自己的特征。20 世纪初，日本禅宗经过铃木大拙等人传播到欧美，在西方引起了一股禅宗热。此热不仅至今不衰，且呈日趋高涨之势。

越南是佛教传入中国的通途之一，早期受印度佛教的影响比较大，8 世纪以后则主要受中国佛教的影响。李朝是越南佛教的黄金时代，传播的主要是禅宗。后黎王朝时，大力推行崇儒抑佛的政策，佛教遂日趋衰微，此后亦未能再兴。

禅悟的认识论意义

佛教以悟为修行的根本目的，所谓“不悟，即佛是众生；一念若悟，即众生是佛”（《坛经》）[1]，充分道出了悟的重要性。悟，指生起真智，扫却迷妄，断除烦恼，证得佛法的真理。其中，包含了两方面的意义，通常则是合两者而言悟。

禅宗言顿悟，也包含开悟与证悟两个方面，前者谓“顿悟菩提”“知本性自有般若之智”；后者谓以此“般若之智”，“各自观心，令自本性顿悟”，即“识心见性，自成佛道”（《坛经》）。禅宗六祖慧能反复强调，“世人性本自净”“自性能含万法”，所以，他的得法偈说：“菩提本无树，明镜亦无台，佛性常清净，何处有尘埃。”同时，慧能又强调“菩提般若之智，世人本自有之”。因此，所谓悟即在于：“见自性自净，自修自作，自性

1　本文所引《坛经》原文均从敦煌本。部分误字、佚字，则随文据日本兴福寺本和敦煌博物馆本校改。

法身，自行佛行，自作自成佛道。”或者说：“自性心地以智慧观照，内外明彻，识自本性。若识本性，即是解脱。”若以一言赅之，则禅宗顿悟的根本精神可归结为：“本性自悟”或“自性自度”。

这种本性“自悟”“自度”的禅悟，强调的是个人的体验和自我的直接把握。换句话说，别人的体验不能代替你的悟，自我的体验无法以概念推理来获得。在禅宗的《灯录》中，许多禅师得悟的故事，生动地说明了这一点。从开悟方面讲，是指能证的智慧，如菩提等；而从证悟方面讲，是指所证的真理，如涅槃等。

如，唐末香严智闲禅师，先事百丈怀海，聪明灵利，问一答十，问十答百。百丈死后，他去大师兄沩山灵祐禅师处参禅，灵祐问了他一个问题：“请你说一说生死的根本，父母未生你时是怎么回事？”谁知道这位原先问一答十、问十答百的聪明禅师，竟被问住了，而且遍查平时读过的书，也找不到可回答的话。于是，他反复要求灵祐为他说破。然而，灵祐对他说，如果我告诉了你，你将来是会骂我的。再说，“我说的是我的，终不干汝事”。后来，有一天香严智闲在田里除草时，随手把一片碎瓦扔到田边的竹子上，这时碎瓦击竹发出的声音，忽然使他有所醒悟。因此，他十分感激灵祐，说，当时他如果为我说破的话，那里还会有今天的醒悟！又如，南宋著名禅僧大慧宗杲的弟子开善道谦，参禅二十年，没有个悟入处。一次，宗杲派他出远门去送信，他怕耽误了参悟，很不愿意前去。这时，他的一位朋友宗元说：我陪你一起去。他于是不得已而上了路。一路上，他哭着对宗元说：我一生参禅，至今一点收获也没有，现在又要长途奔波，到什么时候才能入门啊！这时宗元对他说：你现在暂且把从各方参来的，自己体会到的，包括师父给你讲的都放在一边。旅途中凡是我可以替你的事，我全部替你去做。只有五件事我替你不得，必须你自己去做，那就是：你身上寒冷，我不能替你穿衣；你腹中饥渴，我不能替你吃喝；再有，拉屎、撒尿、驮着自己的身体走路，我也无法替你。道谦听完宗元的话后，忽然大悟，不觉手舞足蹈起来。这两则故事均说明，任何别人的悟都不能代替自己的悟，只有靠自己去亲身体验一番，才可能获得真正的悟。

有一则故事讲，唐代禅师龙潭崇信有一天对他的老师天皇道悟说：自从我到了老师您这里，还没有得到过您关于禅悟要旨的指点呢！道悟回答说：哪里话，自从你到了我这里，我无时无刻不在向你指点禅悟要旨！崇信不明白地问道：您在哪里指点了？道悟说：你端茶来，我接了；你送饭来，我受了；你行礼时，我也回礼了。我哪一处不在向你指点禅悟要旨！崇信听后，想了很久也没有领会过来。此时，道悟又说道：如果要把握禅悟要旨，那就应该当下直接把握，若是用心去细细推敲，就完全错了。崇信于此得到解悟。这是比较明确地点明，禅悟不能用推理，而只能直接把握的一例。在禅宗《灯录》中，人们随处可以看到各种各样稀奇古怪的问答，而禅师们则都是在这种看来违背常识、不合逻辑的稀奇古怪的问答中获得解悟。这些不胜枚举的例子，集中起来说明一点，即禅悟不是理智和逻辑推理的结果，而是内心直接把握的自我体验。

正是由于禅悟的这种特性，长期以来禅悟被视作一种非理性或反理性的神秘主义（佛教中人则有自许为超理性者），而为哲学上的理性主义者和唯物主义反映论者所否定。无可否认，禅悟作为佛教禅宗的一种解脱理论和方法，必然地包含有浓厚的宗教性体验和某种神秘主义的东西。但是，随着21世纪以来，人们对于人类自身精神（心理）分析的深化，以及对于禅宗理论和方法了解的增加，许多学者注意到，在禅宗关于禅悟的理论和方法中，相当充分地揭示出了那些无法用理智分析或逻辑推理给以圆满解答的人类精神（心理）活动，如潜伏在每个人意识深处的，那些突然迸发出来的，各种各样奇奇怪怪的，随意的自由联想。同时，禅悟在充分调动和发挥这种自由联想的意识的作用，来求得对天地万物和人生自我的忽然贯通，彻底了悟时，运用了各种各样不合常理的奇怪方法，其中也包含了不少有意义的心理分析和认识方法。因此，人们应当有可能透过禅悟的宗教体验和神秘主义，去把握其中那些有意义的心理分析和认识方法。这里须要声明一下，我以上的叙述绝没有否定佛教禅宗信仰者在禅悟中获得的宗教体验方面的喜悦心情之意，而只是想让那些非佛教禅宗信仰者也能了解禅悟在心理和佛法在你日用處、在你著衣吃飯處、在你語言談話處、在你行住坐臥處、在你屙屎送尿處，擬心思量便不是了也。

五燈全書卷四十七 明州大童無際了派禅师

樓宇烈

认识等方面的积极意义。

以下仅就禅悟中的主体实践经验和主观能动性的发挥，以及禅悟中的辩证思维方法这两方面，作一些简要的介绍。

禅宗认为，一个人的悟解，大善知识或老师的点拨是需要的，但从根本上来讲，“悟不由师”。因此，禅悟是一种具有强烈主体意识的自我体验，在禅悟过程中，离不开个人主体的实践经验和主观能动性的充分发挥。

所谓主体实践经验，就是强调一个禅者的悟，必须通过亲身的体验去获得，而不是简单地接受或模仿他人的经验和体验。有一则故事讲，俱胝和尚向他的师父天龙和尚参问，天龙和尚向他竖起一个指头，俱胝和尚当下大悟。此后，凡有向他参问的，他都只竖起一个指头，而不说别的。他在晚年总结说：自从悟透了天龙的一指禅，一生都受用不尽。在俱胝和尚处，有一个做杂事的童子，他每次遇到人问事时，也总是竖起一个指头作回答。于是，有人告诉俱胝和尚说，您这里那位童子也参透了佛法，凡有人提问题，他总与和尚您一样竖起一个指头。有一天，俱胝和尚在袖子里藏了一把刀，把该童子叫来问道：听说你也参透了佛法，是吗？童子回答说：是的。俱胝又问：那你给我说说，怎样才是佛？童子竖起一个指头。俱胝乘其不备，挥刀将其手指砍掉。童子痛得大叫而走。俱胝又把他叫回来，还是问他，怎样才是佛？童子又习惯地举起手准备伸指头，但一看手指没有了，于是豁然大悟。随便砍掉人的指头是十分残忍的行为。但这则公案想借此对俱胝和尚的竖一指与童子的竖一指，作出一种强烈鲜明的对比。前者是在经天龙和尚的指点后，有了自身的深切体验和觉悟，才以竖一指头来解答问学者的各种问题的；后者则完全是形式上的模仿，那个童子根本没有什么自身体验可言。因而只有在被砍去手指后，发现无指可举时，这位童子才从自己这一痛彻心扉的切身体验中得到了觉悟。

禅悟也只有通过充分发挥主体的主观能动性，才可能获得。这类事例在禅宗公案中俯拾皆是。相传南宋著名禅师五祖法演，有一天对他的徒弟们说，你们可知道我这里的禅是一种什么样的情况？打个比喻说，有一个贼，他的儿子一天跟他说，您老了以后我怎么来养家呢？我需要学点本领才行啊！贼说，这好办。于是，一天夜里，贼把他儿子带到一有钱人家，撬开柜门，叫他儿子进去偷取衣物。可是当他儿子刚一进去，他就把柜门锁上，并且故意弄出很大的声音，好让主人家听见，而自己则偷偷先溜回家了。这家人听到声音后，立即起床点灯找贼，然找了半天也没找着，以为已逃走了。这时，贼儿子在柜子里正纳闷，心想我老子要干什么？突然，他心生一计，学老鼠咬东西的声音，这家人以为柜子里有老鼠，就打开柜寻找。贼儿子趁此机会，推倒开门者一溜烟地逃走了。这家人一路紧追不舍，此时正路过一口井，贼儿子又心生一计，捡了一块大石头扔下井去。当这家人围着井找他时，他已逃回了家。到家后，贼让他儿子把逃出来的过程讲一遍。贼听完后说，行了，你完全可以独立做事了。这个教儿子做贼的故事，乍看有伤风化。然而，如果人们能得其意而忘其言，去领会其中所寄的精神，那么它正是指示人，只有通过充分发挥自己的主观能动性，面对所处的现实环境开动脑筋想法子，才有可能使自己获得解脱。

禅宗所指的顿悟，并非轻易就能达到，而是需要经过自我的刻苦磨炼才能获得的。元代著名禅师中峰明本就说过：如果没有废寝忘食的精神，没有坚持二三十年寒冬酷暑的劳苦，是不可能获得禅悟的。他还引用了一句禅门名言来说明这种自我刻苦磨炼的精神："不经一番寒彻骨，争（怎）得梅花扑鼻香。"禅师们这种为了追求佛教真理而刻苦自我磨炼精神，难道不值得一切追求真理者效法吗？

禅悟中包含着不少的辩证思维方法。南宋黄龙派禅僧青原惟信有一段叙述他禅悟体会的话，是很值得回味的。他说："老僧三十年前未参禅时，见山是山，见水是水。及至后来，亲见知识（指他的老师黄龙祖心禅师），有个入处，见山不是山，见水不是水。而今得个休歇处，依前见山只是山，见水只是水。"他并且问大家，这三种见解，是相同还是有区别？（《五灯会元》卷十七）在这段话中，禅悟后的"见山只是山，见水只是水"与参禅前的"见山是山，见水是水"，这两种见解肯定是有所不同的，其中经历了一个自我否定的过程，即"见山不是山，见水不是水"的见解。为什么不同？有什么不同？禅师们根据自己的体会可以作出不同的解释。

如，有的禅师从“万物一体”“物我一体”的角度来体会，就说，青原惟信参禅前，只是就山见山，就水见水，当他从“万物一体”的观点去看山和水时，那么山就不再是山，水也不再是水了，再当他有了“物我一体”的体验后，领悟到山、水在我之中，我也在山、水之中，这时他又会认识到山是山，水是水了。这种解释，似乎艺术心理体验的味道更浓一些。

从认识论的角度看，我想可以作这样的解释：青原惟信参禅前，只是从一般的现象上来认识山和水，所以“见山是山，见水是水”。经过老师指点后，他才明白自己原有认识的肤浅，于是，对以前的认识提出了极大的疑问：我见的山是山吗？我见的水是水吗？[1]所以，此时的青原惟信是“见山不是山，见水不是水”。等到他真正领悟了佛法后再去看山、水时，虽说“依前见山只是山，见水只是水”，然此时所见到的再不是山、水的一般现象了，而是它们的“实相”了。这种通过否定的过程，而达到认识的深化，是一种辩证的思维方法。

再有，对这个例子似乎也可以作另一种的体会和解释。比如说，禅认为一切事物原本都是十分平常的，因此，人们也只

1　按，起疑是禅悟过程中的一个重要环节，有所谓“信有十分，则疑有十分，疑有十分，则悟有十分”的说法。元代高峰原妙把能否起“大疑情”作为参禅必须具备的条件之一，他的嗣法弟子中峰明本也说：“当知正信亦有疑。于正信中未有证得，所以致疑，疑念益深，久远不退，忽尔洞明，一念开朗，是谓大疑之下必有大悟。”

需用平常心去对待它。可是，要以平常心去对待一切事物谈何容易，一般人的智慧总是把那些本来极平常的事物看得很复杂，结果是“见山不是山，见水不是水”。而当他走过这段曲折的探求之路后，突然发现山和水并没有什么特别的地方，一切也还是它们平常的本来面目，于是当下落到实处，“依前见山只是山，见水只是水”，从而悟到“平常心”的意义。“平常心是道”，这是禅悟的又一个重要观点。从普通人的“平常心”（有分别心）上升为禅悟的“平常心”（无分别心）同样也是一个通过自我否定过程，而达到一个更高层次认识的一种辩证思维方法。

禅宗大师们常以“饥来吃饭，困来即眠”来教导参禅者，来比喻平常心，作为参禅的一种修养功夫。在一般人看来，“饥来吃饭，困来即眠”人人都能做到，算什么功夫？当一位和尚以此问题请教大珠慧海禅师时，他断然地告诉这位和尚说，这两者是根本不相同的。他说，一般人吃饭的时候不吃饭，睡觉的时候不睡觉，总是东思西想，要这要那的。这和我不用其心、顺其自然的“饥来吃饭，困来即眠”是完全不同的。世界上有许多事物本来是很简单而平常的，可是常常被人为地搞得复杂而神奇。人们要认识表面的平常是比较容易的，要认识事物本来（内在）的平常则殊非易事，禅提倡“平常心是道”，在强调按事物的本来面目来认识事物方面，是有积极意义的。

此外，禅悟最忌执着、认死理。如，南岳怀让参六祖慧能八年后，一日忽然有悟，于是就告诉六祖说：我有个省悟的地方。六祖问道：你所说的省悟是个什么样的？怀让说：要说它像个什么就错了。这是最为典型的反执着的问答。又如，德山缘密圆明禅师（云门文偃法嗣），就明确强调要“但参活句，莫参死句”（《五灯会元》卷十五）。大珠慧海禅师也说：“经有明文，我所说者，义语非文，众生说者，文语非义。得意者越于浮言，悟理者超于文字。法过语言文字，何向数句中求。是以发菩提者，得意而忘言，悟理而遗教，亦犹得鱼忘筌，得兔忘蹄也。”（《景德传灯录》卷二十八），总之，禅师们认为，任何的执着或参死句，都可能成为一种错用心，即使像追求“悟明见性”“成佛作祖”，或者把“平常心”的“行住坐卧”“吃粥吃饭”存之于心，那也是会妨碍人的参禅的。

还有，禅师们对同一个问题常常有许许多多不同的回答，如关于“祖师西来意”“佛法大意”等问题，自古以来可能不下百十种答案。这些都是禅师针对当时不同问话对象的认识水平或所处环境的具体情况，作出的随机应答。另一方面，禅师们对同一问题或许多很不相同的问题却又常常给予同一个答案，但禅师们是绝不允许参问者以同一个意思去体会它，而是要根据你自己的疑问去体会它。于是，表面上相同的语言，会有很不相同的体会话解释。马祖道一说过这样一番话，他说：“我有时教伊扬眉瞬目，有时不教伊扬眉瞬目，有时扬眉瞬目者是，有时扬眉瞬目者不是。”（《景德传灯录》卷五）石头希迁的嗣法弟子药山惟俨禅师就在马祖这番话的启发下得到了契悟。这些地方也都表明，禅悟中有着极大的灵活性和丰富的辩证法，是值得人们去用心探讨的。

理性宗教凸显人文精神

佛教中所谓的因果报应，并不是让人屈服于前世的安排，而是主张今生的命运要由自己掌握。

明代一位文学家叫袁黄，字了凡。他出身贫寒，幼年丧父，身体很差，母亲建议他放弃仕途，学些医术，这样既可以养家，又能为人治病，于是他努力学习当上了医生。一天，了凡在路上遇到一个道士，告诉他你有做官的命，应当好好读书参加科举考试，同时还告诉他，你何时会中举，何时会当官，一辈子都不会有子嗣，在53岁那年必死。袁了凡听后信以为真，便回家苦读，果然中了举又当了官。

一次他去庙中探望云谷禅师，与他一起坐禅。云谷见他定力很好，便夸奖他心境平和。他说因为自己的命运早已注定，再如何努力也无用，所以心境反而平和。大师说："原本以为你是个了不起的人，现在看来你再平凡不过。命怎么能让人算住了呢？”于是便向他讲述了佛教的因果教义是“命由己造”，如果是不平凡的人，就一定会突破束缚，创造更好的命运。袁黄听后改掉了自己的坏习惯，做了很多善事，最后不仅生了两个儿子，还活到了 74 岁，突破了所谓命运的安排。

说起命运，很多人都会有疑问，佛教宣扬的因果理论不就是告诉我们前世种因、今世得果吗？一切好像都是“业”和“报”，既然今生都是前世注定，那我们还需要努力吗？这不正是一种宿命论吗？

其实佛教是告诉我们要超越自我，要学会在今生造新的善因、结新的善果。这正是改变人命运的好方法。命运都掌握在自己手中，只要自己努力付出，就一定会有丰硕的回报。佛教中常讲“自作自受”和“自性自度”，就是说因和果都是自己造成的，出现了恶果也必须由自己去解决，所以必须要依靠自己的智慧和毅力来解决问题。这么看来，佛教宣扬的正是一种积极向上的人文精神。

很多文化人信了佛教，反倒没文化起来，相信宿命，其实佛教并不强调笃信神灵，而是强调自强自立。

有个人苦恼极了，走到一个地方喝茶，想清静一会儿。茶开始很热不能喝，过一会儿就慢慢凉下来了。看到茶不管怎么热，最后必会凉的现象，他从中悟到了佛教万法无常的道理，悟到了一切执着其实都是自寻烦恼。真可谓求不得也苦，舍不得也苦。

一次我和一位电视台主持人聊天，他告诉我："现在有很多人，本来是很有文化的人，怎么信了佛教以后反而变得没有文化了？"

这是个奇怪的现象，我觉得一个人信了佛教以后应该变得更加有文化、有品位、有智慧，可的确有一部分人，信了佛教反而陷入了某种误区，变得迷信起来。也许，他们只看到了人生的痛苦，因此把希望寄托在虚无缥缈的神灵身上。

很多宗教的人文关怀都是通过神灵的方式来体现的，而佛教倡导的是自立，强调人要依靠自己的力量、智慧和毅力来超越生死、超越自我。佛教是一种理性的、充满智慧的宗教，这并不是我在美化佛教，我们回顾一下佛教的历史，就能看到这一点。

佛教产生于公元前6世纪的印度，当时在印度占统治地位的是婆罗门教，此外还有很多其他的宗教和哲学学派存在着。这些学说，释迦牟尼把它们归结为两类——"邪因说"和"无因说"。前者认为一切事情的原因都是神灵决定的，后者则认为任何事情的产生都是毫无原因的。而释迦牟尼创立佛教的目的就是为了纠正这两种观点，并非宣扬神灵主宰一切。而现在很多人却以为膜拜佛像就能够带来好运，这是不符合佛教根本教义和精神的。

针对上述两种观点，释迦牟尼提出了事情都是有因有果的。因果的关系不是外在的，是每一个生命体自己的行为言论思想所种下的因所结出的果，这就是“业”和“报”的关系。它并不强调神的力量，而认为完全是生命体自身的。从这个角度，佛教认为人是可以掌握和改变自己命运的。

佛教认为，如果抱着苦不放，人生也必将非常痛苦。中国的禅宗把这方面的精神发挥到了极致，认为人要把握当下，这样人才是充实的，用禅宗的话来说就会“日日是好日”，如果把握不住，那么日日是烦恼。

如果我们对佛教没有正确的认识，不是依靠自己的毅力和智慧去求得解脱，而想依靠外在力量，这样就会变成没有文化。佛教提倡“求人求神不如求己”，所以根本的问题是开发自己的智慧，磨炼自己的毅力。

儒释道的“三不”：不苟为、不刻意、不执着

近代著名佛教大师太虚有一首偈语，他说：“仰止唯佛陀，完成在人格。人圆佛即成，是名真现实。”人圆佛即成，人做圆满就是佛了，这是真实、现实的。我们敬仰、向往佛陀，但要成为佛陀，那是我们人格的自我完成和圆满。近年来，特别是2016年以来，我有个体悟，即“三不”（不苟为、不刻意、不执着），还给自己起了一个堂号：“三不堂”。它不是一个具体的空间，是在我的内心中有一个空间叫“三不堂”。

《管子》曰：“仓廪实而知礼仪，衣食足而知荣辱。”这是我们的希望。什么叫仓廪实？什么时候仓廪实了？什么叫衣食足？什么时候衣食足了？这大概很难说，因为没有实、没有足的时候，物欲无穷尽，欲壑难填。中国古人特别是中国道家，反复强调要知足，知足者常富，不知足者就常贫。人外有人，天外有天，在这物质生活不断提升的时代，人的物欲越来越高，

仰止唯佛陀　完成在人格

人圓佛即成　是名真現實

太虚、即人成佛的真現實论

樓宇烈

追求越来越高，因而出现各种各样的问题，如社会的你争我夺、自然环境的破坏等。但人不能一天到晚生活在争斗中，也要注重自己的精神生活。中国传统文化的礼仪文明，是在有了相当的衣食、仓廪后才创造出来的。但这些文明的礼仪，也会不断受到物欲的冲击，因此要不断提升我们的礼义廉耻。

作为社会的精英分子，如读书人、掌权者、企业家等，更应有这样的认识和自觉，更多的思考和引领，认识到我们在享受这样的物质文明带来的各种优越生活条件之后，如何在精神方面给予更为丰富的内涵，让精神不被物欲腐蚀。让精神引领物欲，保持一种道的追求，志于道，追求人类应达的境界，而不是让物异化了自己，丧失追求人生高尚境界的志向。

我经常用这两句话来概括我们的现状，不一定全面，但至少可以说明我们有这样的严重情况，第一句话是“我们征服了自然而丢失了自信”（人类的自信），第二句话是“我们享受了物质，忘掉了精神”。如何回归自我，保持高尚的精神境界，是每一个有志于求道的人应时刻思考的问题。

慢慢地，我提炼出“三不”。第一个“不”，是“不苟为”，不要做那些苟且的事情；第二个“不”，是“不刻意”，刻意即故意做作、装模作样；第三个“不”，是“不执着”。这恰好和中国传统文化中儒释道三教的文化符合。“不苟为”，更多的是儒家在倡导；“不刻意”，更多的是道家在倡导；“不执着”，更多的是佛家在倡导。否定了“苟为”“刻意”“执着”，我们该怎样？要有一个对应措施，即“唯贵当”。当，即恰如其分，恰到好处，应该这样做的，而不是苟且去做，要“顺自然”；“不刻意”，即顺其自然，自然而然，不做作；“不执着”，就是一切要随缘，“且随缘”。“三不堂”的堂训就是“不苟为，唯贵当；不刻意，顺自然；不执着，且随缘”。

不苟为

不苟，出自荀子《不苟》篇。《荀子》中前四篇文章（《劝学》《修身》《不苟》《荣辱》），对人生很有意义。《劝学》中的“青，出于蓝而胜于蓝；冰，水为之而寒于水”，就是鼓励人们不断学习，反复强调人生来没有多大差别，关键在于后天的学习、师从、环境及交友等。“近朱者赤，近墨者黑”，说明环境、交友非常重要。而且，教师也非常重要，师者模范也，启功先生为北京师范大学写的校训就是“学为人师，行为世范”。《修身》篇讲，每个人都要不断地自我修身养性，这是自我和自觉的要求。《大学》讲，“自天子以至于庶人，壹是皆以修身为本”。中国文化是一种修身文化，所谓修身者，就是自我管理好自己，从自觉上升到自律，这是中国文化的根本精神。《劝学》和《修身》一外一内，结合起来，使我们成为一个堂堂正正的人。《荣辱》篇主要是讲做人的根本原则，谈及以什么为荣、以什么为辱的问题。

其中，《不苟》是《荀子》的第三篇，教我们如何才能不苟为。“君子行不贵苟难，说不贵苟察，名不贵苟传，唯其当之为贵。”我们的言、行、名不能苟且地去传，做那些不合常情、常理的事情来显示自己。荀子讲，不要这样做来显得自己学问很大，能头头是道地讲一堆大道理，但在现实生活中不是这个样子，即“说不贵苟察”。“行不贵苟难”，荀子举了一些例子，如一些人为了表示忠贞，抱石投河，抱树来烧，这不是应该做的，不合常情常理。至于名，更不应该为了传扬自己的名，做一些违背常理常情的事情，而应唯其当之为贵，恰当、恰如其分地做事，这是最根本、最重要的。

如何才能做到不苟为？荀子讲，君子养心莫善于诚。诚信、诚实、诚进，是诚的三方面含义。一个人最根本的品德是要在诚上下功夫。荀子接着讲，公生明，偏生暗，诚信生神，诚信是做人的最根本原则，是做到不苟为的重要基础。

在物质文明高度发展的情况下，我们的精神生命不是简单的保持，而是要加速去超越物质文明，关注生态文明。生态文明的一个核心内容是科技伦理，进行自我约束，尊重自然。南宋王幼学的《四留铭》说：“留有余，不尽之巧以还造化；留有余，不尽之禄以还朝廷；留有余，不尽之财以还百姓；留有余，不尽之福以还子孙。”留，是说人要留有一点余地，不能把什么事情干尽、干绝。我们常讲巧夺天工，人类要用尽人类的巧去夺造化之巧，但仍应留一点人的智慧，还给大自然，还给造化，这样人才能够与自然和谐相处。因此，我们要自我约束，反求诸己，反躬自问，有一个自觉，真正达到生态文明、生态平衡。人类最重要的是什么？是尊重自然，而不是征服自然、改造自然，所以要以“不苟为，唯贵当”来警醒自己。

不刻意

此出自《庄子·外篇》，其中一篇文章就叫《刻意》，“刻意尚行，离世异俗，高论怨诽，为亢而已矣”；“此山谷之士，非世之人，枯槁赴渊者之好也”。这是说，离开这个世界，离开社会的这些人，只是想要标榜自己如何清高、不与世俗同流合污，刻意地尚行，做自认为是非常高尚的事情。这是刻意一词的最初来源。如果把这些刻意为之的东西忘掉，最后就是众美皆俱，这是典型的道家思想。我们一般人，顺其自然即为最好的修养。

冯友兰先生曾讲过，人生有四重境界。一是自然境界，浑浑噩噩，糊里糊涂，没有追求、抱负，日出而作，日落而息，即一种自然的人生。这是最浅显、最低级的一种人生境界。二是功利境界，整天忙忙碌碌地求名求利。三是道德境界。这是一个很好的境界，但也很辛苦，很多人，很多事，是刻意而为之，并不纯粹，会约束自己的许多天性。四是天地境界，既超越功利，又超越道德，是真正明白做人道理的境界，可以“从心所欲不逾矩”，自然而然，自由自在。

那为什么是天地境界超越功利和道德？这是因为到了天地境界，我们回归了自由自在的状态。但要超越，并不容易，重要的是，如果我们能够顺其自然地做事，从有形上升到无形，这才是真正的提升和超越。现在，我们的一切都在有形中间，如锻炼，我倡导的方法就是拍拍打打、扭扭捏捏、蹲蹲起起、溜溜达达，即在生活的一切地方都在锻炼，一切方面都在锻炼。把有形的东西，逐步化为无形的，就是提高、超越。

不执着

不执着，是佛家的一种理念。佛经里讲，“以有于执着，流转生死中”。生死轮转，不太了解佛教的人认为，这不就是轮回吗？人就是在前世、今生与后世的轮回中间，怎么因为执着就流转于生死中间，流转生死中间有什么不好？佛教追求的恰恰是超越轮回，了断生死。超越轮回，这是佛教根本的追求目标。但为什么会在生死中间流转？就是以有于执着。因为执着，所以无法超越轮回，无法了彻生死，成不了佛，也成不了菩萨。现在，执着的概念已经发生变化，不要与佛教所说的执着概念混同。

佛教中讲的执着，有一个“分别”这样的词来界定。分别执着，也就是说，我们看问题有分别，有了分别，心就有了执着心，不能够平等地看待一切事物。从现象上讲，事物是有分别的，不能说什么东西都一样。佛教的深刻之处在于，让我们看到现象的分别是由感官来分别的，恰恰是由于感官分别了现象，随后产生了对我们分别出来的现象有好恶之分，有得舍之别。

因此，如何让我们超越感觉器官，分别把它消除，在佛学中叫作转识成智。眼、耳、鼻、舌、身的功能叫识，是分别的功能。如何来超越识，就是佛教提倡的智，即智慧，梵语讲般若。这种智慧让我们能够摆脱现象中的种种区别，看到我们所见的现象都是无常的，并不永恒。世界没有永恒的东西，都是暂时存在的。另外，它没有一个独立的主体，只是各种因缘聚在一起，所以才把它称之为某某。佛教中用一句话讲叫无我，我们看到的所有现象世界中千差万别、千姿百态的东西，从根本上讲，其实都是无常和无我。这是因为，一切事物不是某一个神或某一个规定性的东西把它制造出来的，而是自然界的各种因缘凑在一块，各种条件、各种材料聚在一起才有的。这就是佛教讲的缘起。

当我们认识到缘起，明白一切现象世界的事物是无常和无我的，从这一角度讲，舍不得的到时也得舍得，放不下的到时也得放下，因缘不成熟时，我们想得到的也永远得不到。如果我们能够这样来认识现象世界，还会对它那么执着吗？一切随缘。所以，执着是对我们有了分别而产生的对它的这种判断、追求，但佛教不是要让我们不去下功夫，而是说要精进。精进是我们觉悟的一个重要途径。佛教中讲六度，即用六个途径来提升我们超越人生、成佛、成菩萨。这六个途径是：布施、持戒、忍辱、精进、禅定、智慧。而精进是让我们能够成佛的一个前提，不断努力、提升。

执着是因有分别、有取舍、有好恶、有得失等，让我们有了烦恼和痛苦，而精进是不断努力来超越，超越分别，超越执着，让我们得大自在。因此，一切做事随缘，因缘成熟时事情就可能成功，因缘尚未成熟时我们创造条件，让它慢慢缘聚、缘足，事情就做成了。我们不应强求一定要这样做、那样做，也许执着这样做，最后可能结果并不一定很好。但如果随缘了，大家慢慢地凝聚在一起，可能会做成一个更好、更大的事业。

当然，这不是让我们放弃原则。佛教中有一句非常重要的话，叫不变随缘，既要坚持原则，又要懂得变通。因此，在佛教中，方便和究竟是一体的。各种方便法门，可以这样做，也可以那样做，但不能离开一个究竟。究竟是觉悟人生，了彻生死，超越轮回。它的方法多种多样，一切随缘。佛度众生，不是佛在度众生，而是众生在度自己，这是佛教的根本理念。所以，佛不是我们的救世主，而是我们的导师，引导我们觉悟、度自己的导师。

三个“不”，我以“不苟为，唯贵当”自警，以“不刻意，顺自然”自期，以“不执着，且随缘”勉励自己。

中国宗教的艺术精神

记不清是哪位前辈说过这样一句话：中国文化是艺术的文化。我总觉得，这是一句十分精辟的话，只有深得中国文化的三昧的人才说得出来。

据我的体会，这里之所以称中国文化为“艺术的文化”，绝不仅仅是指我国传统文化中拥有的那些丰富多彩的艺术样式和作品，而主要是指贯穿于我国文化传统中的那种艺术精神。

对于中国文化之富于伦理精神，已为世人所广泛了解，且论之者在在皆是；而相比之下，世人对于中国文化之富于艺术精神的了解，则显得很不够，且论之者亦不多。其实，在中国文化传统中，伦理精神与艺术精神如车之两轮、鸟之两翼，是相辅相成、相得益彰的。从某种意义上讲，中国传统道德所追求的最高境界是一种艺术的境界，而传统艺术的重要功能则是在陶冶性情、潜移默化之中以助理想人格的完成。因此，在中国传统文化中，道德修养和艺术修养是人生修养的两个不可或缺的方面，而道德修养和艺术修养的程度如何也就被视作一个文化素质高下的体现。

冯友兰先生曾说："儒家以艺术为道德教育的工具。"（《中国哲学简史》第二章）徐复观先生则说："由孔子所显出的仁与音乐合一的典型，这是道德与艺术在穷极之地的统一。"（《中国艺术精神》"自序"）他们的论述都揭示了儒家文化中重视艺术教育和把艺术与道德高度统一起来的特征。先秦时代的艺术教育主要是"诗教"和"乐教"。对于诗，孔子认为，读诗可以感发起心志，提高观察力，培养合群性，学得表达感情的方法。而诗中所讲的道理，近则可以用来事奉父母，远则可以用来服事君上。此外，读诗还可以多多认识鸟兽草木的名称。所以他教训儿子伯鱼说："不学诗，无以言。"（《季氏》）又说，一个人如果不研读《诗经》中的《周南》《召南》，那就会像面对着墙壁而站着（什么也看不见，一步也进不了）。对于乐，孔子尤为重视，总是把它与礼相提并论。甚至认为乐在某种意义上更可以体现善与美（道德与艺术）的统一。如，他赞叹韶乐说："韶尽美矣，又尽善矣。"（《八佾》）以至于当他在齐国听到韶乐后，竟"三月不知肉味"，而且无限地感叹道："不图为乐之至于斯也！"（《述而》）所以，对于诗、礼、乐三者的关系，孔子是这样来论述的："兴于诗，立于礼，成于乐。"（《泰伯》）这里，他把乐放在礼之后，是把乐看作人格完成的最高境界。

道家，尤其是《庄子》书中所向往的人生境界中蕴含着的艺术精神，对于中国文化的艺术精神的发展有着极其重要的影响。不过，道家文化中的艺术精神在老庄时代并未达到自觉的程度，而是经由魏晋玄学和其时的艺术理论家的阐发才得以发扬光大，并达到自觉的。徐复观先生在比较分析儒、道两家思想中的艺术精神时说："儒道两家，虽都是为人生而艺术，但孔子是一开始便有意识地以音乐艺术为人生修养之资，并作为人格完成的境界。因此，他不仅就音乐的自身而言音乐，并且也就音乐的自身以提出音乐的要求，体认到音乐的最高意境。因而关于先秦儒家艺术精神的把握，便比较明显而容易。庄子则不仅不像近代美学的建立者，一开始即以美为目的，以艺术为对象，去加以思考、体认。并且也不像儒家一样，把握住某一特定的艺术对象抱定某一目的去加以追求。老子乃至庄子，在他们思想起步的地方，根本没有艺术的意欲，更不曾以某种具体艺术作为他们追求的对象。……他们只是扫荡现实人生，以求达到理想人生的状态。他们只是把道当作创造宇宙的基本动力，人是道所创造，所以道便成为人的根源的本质……从此一理论的间架和内容说，可以说'道'之于艺术，是风马牛不相及的。但是，若不顺着他们思辨的形而上的路数去看，而只从他们由修养的工夫所达到的人生境界去看，则他们所用的工夫，乃是一个伟大艺术家的修养工夫；他们由工夫所达到的人生境界，本无心于艺术，却不期然而然地会归于今日之所谓艺术精神之上。也可以这样说，当庄子从观念上去描述他之所谓道，而我们也只从观念上加以把握时，这道便是思辨的形而上的性格；但当庄子把它当作人生的体验而加以陈述，我们应对于这种人生体验而得到了悟时，这便是彻头彻尾的艺术精神。但因为他们本无心于艺术，所以当我说他们之所谓道的本质，实系最真实的艺术精神时，乃就艺术精神最高的意境上说。人人皆有艺术精神，但艺术精神的自觉，既有各种层次之不同，也可以只成为人生中的享受，而不必一定要落实为艺术品的创造。所以老、庄的道，只是他们现实地、完整地人生，并不一定要落实而成为艺术品的创造。”（《中国艺术精神》第二章第二节）徐先生的分析深刻透彻。

魏晋玄学融会儒道，进一步沟通了宇宙根本和人生境界。王弼言圣人体无而有情，嵇康标越名教而任自然，郭象唱身居庙堂而心寄山林。特别是玄学提倡的“得意忘象”（王弼）、“寄言以出意”“求道于言意之表”（郭象）等思想方法，开启了中国艺术以“立意”“传神”“求韵味”为上的根本精神。在玄学思维方法的影响下，中国的艺术内涵丰富，具有深邃的哲理性；中国的哲理则语言简约，富于生动的艺术性。深邃的哲理性和生动的艺术性浑然一体，构成了中国传统文化的鲜明特性和基本精神。中国佛教中禅宗思想之富于哲理性与艺术性，早为世人所共知，当无须多说。对于理学，人们多以为其间只有一通正颜厉色、枯燥无味的道德教训。其实，只要我们稍稍选读一些周（敦颐）、张（载）、程（颢、颐）、邵（雍）、朱（熹）、陆（九渊）、王（守仁）等著名理学家的著作以及有关的传记，即可处处感受到他们借诗文以载道（周敦颐《通书二·文辞》："文所以载道"），谈文艺以明道（陆象山言："文所以明道"，见《陆九渊集》卷三十四"语录上"）的力量，而在他们的处世行事中、人生境界的追求中也极富于艺术的精神。所以，理学在融哲理与艺术于一体方面，在发展中国文化的艺术精神传统方面，绝不亚于先秦之儒学、魏晋之玄学和唐宋之禅学。

艺术精神的养成是离不开艺术实践活动（创作和欣赏）的，但艺术精神高于艺术实践活动。艺术精神不仅指导着各种艺术实践活动，而且经过理论的提升和认识的自觉，渗透于社会、人生的各个领域。在这一层次上，中国文化中的艺术精神更主要地体现为一种对社会、人生意义的理解和价值的判断；对社会、个人生活态度和方式的思考；对理想社会、完善人格的追求；乃至于对处世（人际关系等）行事（政治、经济、军事等）方法的把握与运用，等等。

艺术活动，无论是创作还是欣赏，都是一个人内心感情最直接的表露，反映了他对人生的理解与追求。艺术创作中立意的正邪，欣赏趣味中格调的高低，也就会直接反映出或影响到一个人品格和境界的正邪与高低。因此，通过艺术修养培养起高尚的艺术欣赏趣味来，对于高尚人格、理想人生境界的追求和确立是有重要的、积极的意义的。为什么这里只提出培养高尚的艺术欣赏趣味呢？这是因为，一则创作立意是离不开欣赏趣味的，二则创作或要有某种天分或要有一定的专门训练，不是每一个人都可以为之的，而欣赏则人人可领受和多少能够为之的。因此，把欣赏提高到自觉的程度，培养高尚的欣赏趣味，乃是最基本的和第一位的。追求艺术的完美与追求人生的完美，在其终极之相会合，这就是中国文化中艺术精神的体现。

没有创造就没有艺术，创造精神是艺术的灵魂。不仅是艺术作品的创作中有创造，就是在艺术欣赏中同样也有创造。古人说“诗无达诂”（董仲舒），“含不尽之意，见于言外”（梅尧臣），“古画画意不画形”（欧阳修）。这就是说，言象只是一种表意的工具，作诗作画者可以此言象来表达其心中之意，赏诗析画者也可以此言象来契会其心中之意。作者心中之意与赏者心中之意不一定相同，也不必相同。欣赏者完全可以按照自己的感受去理解诗画中的意境，无须受创作者所寄之意的限制。这就是欣赏者的创造。而且我们可以看到，这种创造中又有着鲜明的个性。发扬中国文化中的艺术精神，最根本点就是要发扬这种主动的创造精神。

艺术的完美离不开和谐，和谐精神是艺术的根本目标。艺术家对于画面的经营布置，诗句的平仄对仗，乐章的高低缓急，无不煞费苦心，这从一种意义上说都是为了达到某种完美的和谐。艺术作品所达到的和谐程度如何，反映出艺术家水平的高低。因此也可以反过来说，经营布置已达到完美的和谐，就是一种艺术创作活动。在中国传统文化中，以“执其两端，用其中于民”（《中庸》）为至德，正是充分地把握和运用了这一艺术精神和技巧去处理人事世务的体现。

艺术的视野，给人以旷达与平静；艺术的幽默，给人以智慧与轻松。多一点艺术修养，多一点艺术精神，将给人生增添无尽的生气活力，将给社会带来普遍人格的提升和生活秩序的和谐。

第四章

人文信仰的现实意义

发挥人文精神，建设人间哲学

哲学是民族历史文化的核心与灵魂，是时代精神的集中体现。从表面上看，哲学似乎离现实生活很远，其实哲学与现实生活有着十分密切的关系。哲学与一般应用性社会科学（如政治学、经济学、法律学、社会学等）相比，它并不教给人们什么具体的可操作的知识，更不可能产生直接的经济效果。但是，它从总体上潜移默化地影响着人们的思想观念和思维方式，指导着整个社会以及每个个人的生存方式与发展方向。所以，在我国当前以经济建设为中心的时期，哲学的指导不仅不能削弱，相反还应当加强。否则，社会经济活动难免不发生盲目和短视行为，个人难免不陷于精神不知所从的境地。

哲学固然是探讨纯理论的形而上之道的，但它又不应是远离人们现实生活的。哲学所探讨的形而上之道，应对人们的现实生活有切实的指导作用。人们不应当把哲学限制在一个极小的圈子里，哲学应当广泛地去关心现实社会和人生中所提出的各种问题，并积极地去指导它、解决它。哲学应当做到这一点，哲学也是可以做到这一点的。套用一句佛教的话来讲，就叫作离俗谛即无第一义谛，出世间法不离世间。在儒学中则反复强调下学上达、知而能行、知行合一，等等。所以，贴近实际生活，同样也是中国传统哲学的重要特点之一。

从总体上来讲，在中国传统文化中，没有单纯的求智（知）的学问。凡为学，乃求明道成人，求知必定是与修身淑世之事联系在一起的。这也就是《大学》一文开宗明义所说的："大学之道，在明明德，在亲民，在止于至善。"所以，中国传统上的理想圣人君子也不是单纯的"智者"，而是既仁且智者。这个传统，大概最早起于孔子弟子们对孔子的评价。如，孔子曾自谦地说："若圣与仁，则吾岂敢？抑为之不厌，诲人不倦，则可谓云尔已矣。"（《论语·述而》）孟子则引子贡的话说明之，曰："学不厌，智也；教不倦，仁也。仁且智，夫子既圣矣。"（《孟子·公孙丑上》）《荀子·子道》篇是后人假托的作品，其中也有借孔子之口而说："故君子知之曰知之，不知曰不知，言之要也；能之曰能之，不能曰不能，行之至也。言要则知，行至则仁，既知且仁，夫恶有不足矣哉！"荀子理想中的君主都应当是圣人，所以，他也把"既知且仁"看作是人主不可或缺的品德。如说："故知而不仁不可，仁而不知不可，既知且仁，是人主之宝也。"（《荀子·君道》）仁知的兼备，也就是《中庸》中所说的“尊德性而道问学”。

孔子尝自许说：“不怨天，不尤人。下学而上达。知我者其天乎！”（《论语·宪问》）这里所谓“下学而上达”的意思，据汉代孔安国的解释是：“下学人事，上知天命”，而至宋明儒则改“天命”为“理”或“天理”。如程颢说：“学者须守下学上达之语，乃学之要。盖凡下学人事，便是上达天理。然习而不察，则亦不能以上达矣。”（引自朱熹《论语集注》“宪问”）朱熹也说：“下学只是事，上达便是理。下学上达只要于事物上见理。”（《朱子语类》卷四十四）明薛瑄也说：“下学学人事，上达达天理也。”（《明儒学案》“河东学案一”）这些都是强调不应离日常人事而去求形而上之道。《论语·子张》篇中记载着这样一件事：

> 子游曰：“子夏之门人小子，当洒扫、应对、进退则可矣。抑末也，本之则无。如之何？”子夏闻之曰：“噫！言游过矣！君子之道，孰先传焉？孰后倦焉？譬诸草木，区以别矣。君子之道，焉可诬也？有始有卒者，其惟圣人乎？”

这里，子夏之话的原意大概是讲教育学生应当循序渐进，由末达本，有始有终，所以不应当像子游那样轻视洒扫、应对、进退等具体的礼仪养成教育。宋儒对此大加发挥。如程颢、程颐说：

> 洒扫、应对便是形而上者，理无大小故也。
>
> 凡物有本末，不可分本末为两段事。洒扫应对是其然，必有所以然。
>
> 自洒扫应对上，便可到圣人事。（引自朱熹《论语集注》“子张”）

明儒陈白沙（献章）、湛甘泉（若水）倡导所谓“日用间随处体认天理”（《白沙子全集》卷二“与湛民泽”，《甘泉文集》卷十八“默识堂记”），李卓吾（贽）则以为“穿衣吃饭，即是人伦物理……于伦物上加明察，则可以达本而识真源。”（《焚书》“答邓石阳”）这里有明显的佛教禅宗思想的影响，但他们强调理不离事，由事明理的精神是值得注意的。

又，宋明儒之批评佛、道，其重点之一就是说佛、道只求“上达”而不讲“下学”。如程颢说：

> 释氏……唯务上达而无下学，然则其上达处，岂有是也？……孟子曰：“尽其心者，知其性也。”彼（释氏）所谓“识心见性”是也。若“存心养性”一段事则无矣。（《河南程氏遗书》卷十三）

此处且不论程颢对佛教的批评是否准确，只说他在这里所指出的“无下学”的“上达处”是无有是处的，以及强调“尽心知性”还必须落实到“存心养性”这一点，确实是很有深意的。这也就是说，求道明理如果不能具体落实到成人淑世上，乃至连最一般的洒扫应对之事都做不来，那么，即使是达到了“识心见性”，又有什么意义呢。虽说宋明道学之末流，大多也都沉溺于空谈心性，走上了程颢所批评的“唯务上达而无下学”的道路，并因此而遭到明末清初一些儒者的抨击，然在宋明道学开创者那里，则是全力倡导求道明理与成人淑世的不可分。程颐在他所作的《明道先生行状》中，批评当时的学风是：“自谓之穷神知化，而不足以开物成务；言为无不周遍，实则外于伦理。”而程明道之学则是：“明于庶物，察于人伦。知尽性至命，必本于孝弟；穷神知化，由通于礼乐。”值得注意的是，这种批判“尚虚”之学而倡导“务实”之学的运动，在中国哲学史上曾反复地出现。

又，从知行关系来讲，荀子有一段关于闻、见、知、行之间关系的论述是最为朴实而深刻的，值得我们经常地温习。荀子说：

> 不闻不若闻之，闻之不若见之，见之不若知之，知之不若行之，学至于行之而止矣。行之明也……故闻之而不见，虽博必谬；见之而不知，虽识必妄；知之而不行，虽敦必困。（《荀子·儒效》）

以上只是就“上达”与“下学”、“知”与“行”两个方面，举例简略说明中国传统哲学注重联系现实与生活的特点。

随着世界进入现代化时代，高速发展的科学技术和社会经济给人类（其实仅仅是一部分人类）带来了丰富的物质生活，然而，与此同时也带来众多始料所不及的问题，诸如：生态环境的恶化，人类日益沦为物质的奴隶，世界贫富差距的进一步扩大，地区战争的绵延不断，社会风气的浇薄，以及生理、精神上的恶疾丛生，等等，导致了人们精神上的极大迷茫。由是，人们纷纷去向宗教和哲学中寻求解决的途径与方法。而这也是哲学和宗教无可推卸的责任。

佛教本是一种出世法，但它具有积极的入世精神和人间性格。这一方面与佛教教义中强烈的人文精神有关，同时也是与释迦牟尼创立佛教的本怀大愿相一致的。从原始佛教到大乘佛教，无论在教理还是实践宗旨等方面都有很大的发展。如，在教理方面原始佛教总的倾向是强调“我空”，而不讲“法空”，大乘佛教则主张“我”“法”皆空，乃至认为诸法自性本来清净（空）。又如，在原始佛教那里空和色、清净和染污、出世和世间、众生和佛等，都被看作是分别对待的法。所以，他们一般都是断色取空，离染求净，厌生死欣涅槃。然而大乘佛教以“中道”“不二”的理论和方法，从根本上破除了一切法的分别对待，于是“色空不二”，“色即是空，空即是色；色不离空，空不离色”；“染净不二”，“生佛不二”，“世出世不二”，“勿离世间上，外求出世间”（敦煌本《坛经》），等等。

再如，在实践宗旨方面，原始佛教一般追求即生断除自身烦恼，以个人的自我解脱为主，从了生死出发，以离贪爱为根本，以灭尽身智为究竟，主要取向是出世的。大乘佛教则认为，修证需要经过无数生死，历劫修行，以“摩诃般若”（大智慧），求得“阿耨多罗三藐三菩提”（无上正等正觉），除断除自己一切烦恼外，更应以救脱众生为目标。因此，他们宣称佛法大慈大悲，以普度众生，成佛救世，建立佛国净土为目标。佛法既是出世的，又要入世间，开大方便门，以引度众生。

大乘佛教的上述宗旨，集中地体现在它的悲智精神中。而大乘佛教的悲智精神，又决定佛教入世为众生、为社会服务的人间佛教的性格。

许多大乘经典中，都认为声闻、缘觉二乘虽然也有“慈心”，但缺乏“大慈悲心”，他们没有救度众生的大愿，而大乘菩萨乘正在这一点上远胜过二乘。如说：

> 阿罗汉无大慈悲，无本誓愿度一切众生。（《大智度论》卷二十八）
>
> 声闻、辟支佛虽有慈心，本不发心愿度一切众生，亦不回善根向阿耨多罗三藐三菩提，以是故菩萨一日修智慧，过声闻辟支佛上。（同上卷三十五）

大乘佛教把救度众生作为自己的根本宗旨，把能否为救度众生而舍弃自己一切，作为证菩提、成佛道的根本条件。这也是所有大乘经典反复强调的主题。如说：

> 菩萨见诸众生，于如是苦聚不得出离，是故即生大悲智慧，复作是念：此诸众生，我应救拔，置于究竟安乐之处。（唐实叉难陀译八十卷本《大方广佛华严经》卷三十四）

这里所讲的“大悲智慧”是《华严经》中提到的“四智”之一。《华严经》说要以“四智河”来润泽天人沙门婆罗门，使他们都进入阿耨多罗三藐三菩提智慧大海。什么是“四智河”呢？经中论述道：

> 一者愿智河，救护调伏一切众生，常不休息。二者波罗蜜智河，修菩提行，饶益众生，去来今世，相续无尽，究竟入于诸佛智海。三者菩萨三昧智河，无数三昧，以为庄严，见一切佛，入诸佛海。四者大悲智河，大慈自在，普救众生，方便摄取，无有休息。（同上卷四十二）

我认为，这四智其实也相当于通过大乘四大菩萨体现出来的大乘佛教的四大根本精神。“愿智”相当于地藏菩萨所体现的

“大愿”精神，波罗蜜智相当于文殊菩萨所体现的“大智”精神，“菩萨三昧智”相当于普贤菩萨所体现的“大行”精神，“大悲智”相当于观音菩萨所体现的“大悲”精神。而这四种智慧或四种精神归结为一点，那就是“调伏众生”“饶益众生”“普救众生”，使众生“见一切佛，入诸佛海”。

所以，《华严经》中又强调说：

> 见诸众生受大苦，起大慈悲现世间。以大慈悲方便力，普遍世间而现身。（同上卷七十五）
>
> 一切佛法依慈悲，慈悲复依方便立。方便依智智依慧，无碍慧身无所依。（同上卷五十）

总之，大乘佛教的教义和实践都要求“以慈悲心养育民物，出慈悲水灌溉众生”（《七佛所说神咒经》卷三）。诸佛菩萨为了普救众生，可以舍弃一切，乃至涅槃。如佛典中说：

> 欲求佛智最上，救济一切众生。尊有胜悲心，欲行救济，何物不舍！有悲心者，为他故，涅槃尚舍，况复舍身！舍身命财有何难也。舍财物者不如舍身，舍身者不如舍于涅槃。涅槃尚舍，有何不舍！（《大丈夫论》卷上）

所谓舍涅槃的意思，则诚如慈恩大师窥基在《说无垢称经疏》说的：菩萨发愿度众生尽方入涅槃，以众生界无尽期故，菩萨毕竟不入涅槃。

大乘佛教发展起来的我法二性空和中道、不二等教理，从一定角度讲，都是为诸佛菩萨常住世间救度有情众生的根本宗旨，来提供理论基础的。关于人间佛教的含义，人们可能有各自不同的理解和界定，但我想对世间有情众生的人文关怀，应是人间佛教的本质所在。其主要的特性则是指佛教的实践不离世间，以及以救度人间众生，建设人间净土为己任，也就是人们常说的“庄严国土，利乐有情”。也正因为如此，我认为大乘佛教的悲智精神，最充分地显示了大乘佛教的人间性格，也决定了大乘佛教必然是人间的佛教。

中国近代佛教以建设人间佛教为目标，强调佛法不离世间，佛教要为活人服务。这一目标已成为现今海峡两岸佛教界的共识，并为之奋斗不息。又如，天主教教廷在 1962 年大公会议上也作出决议，强调把对于彼岸世界的关注，重点转向对于此岸世界的关怀。有鉴于我国的历史传统和文化特点，哲学与人生的关系有过于宗教，哲学应当更加关怀人生，深入人间。因此，我认为，现在提出建设人间哲学的设想是适时合理的。

发扬人文精神，建设人间哲学，这就是我对当今乃至 21 世纪中国哲学发展的具体构想。同时，我还认为，这也将是 21 世纪世界哲学发展的趋势之一。

不為自己求安樂
但願衆生得離苦

大方廣佛華嚴經卷二十三

樓宇烈

三教合流与中国宗教的融合精神

中国文化源远流长，博大精深。在其长期历史的发展过程中，不仅产生了众多的本土学派，也不断有外来文化的传入，这些不同的学派和文化，在矛盾冲突中相互吸收和融合，其中有的丰富了、发展了、壮大了，有的则被吸收了、改造了、消失了。大约从东晋开始至隋唐时期，中国文化逐渐确立了以儒家为主体，儒、释、道三家既各自独标旗帜，同时又合力互补以应用于社会的基本格局。中国文化的这一基本格局，一直延续到了19世纪末，乃至20世纪初，历时1600年左右。所以，可以这样说，中国传统文化是儒、释、道三家鼎足而立、互融互补的文化。但是由于儒家长期被封建统治者尊奉为正统这一事实，一部分学者常常只强调以儒家作为中国文化的代表，而忽视或轻视佛、道二家在中国传统文化中的巨大作用。这种观点，过分偏重于中国文化中的政治制度和宗法伦理层面，并把其他层面的文化现象也都纳入政治和伦理的框架中去考察和理解。这就把丰富多彩、生气勃勃的中国文化描绘成单调枯燥、死气沉沉的模样了，显然是不够全面的。所以，无论从哪一个角度来考察中国文化，撇开佛、道二家是无法理解中国文化的多彩样式和丰富内容的，更是无法全面深刻把握中国文化的真正精神的。

事实上，自战国中期以后，学术界就呈现一种纷纭复杂的情况。一方面是各学派内部的大分化，另一方面，与此同时也出现了一股各学派之间相互渗透、彼此融合的发展趋势。中国文化就是在这诸子百家的学派分合之中不断地发展和丰富起来的。

一、儒、道合流

两汉是儒、道二家广泛吸收诸子百家，充分发展自己、丰富自己，并确立自己作为中国文化代表学派地位的时期。汉初统治者为医治秦末苛政和战乱造成的社会民生极度凋敝的状况，采用了简政约法、无为而治、与民休养的政策以恢复社会的生机。与此相应，在文化思想上则大力提倡道家黄老之学。此时的道家黄老之学，处于社会思想文化的代表和指导地位，所以它必须处理好与其他各个不同文化思想学派的关系问题。社会对思想文化的需要是多样的、丰富的，而不是单一的，然而诚如许多中国思想家所说的，这种多样性又需要“统之有宗，会之有元”（王弼《周易略例》），即需要有一个为主的指导者。不过，这种“统”和“会”绝不是以一种样式去排斥或替代其他的样式。因为，如果把其他样式都排斥掉了，只剩下了自己一种样式，那也就不存在什么“统”和“会”的问题了。汉初道家黄老之学，正如司马谈所描述的，它广采了阴阳、儒、墨、名、法各家之长，正是这种容纳、吸收和融合的精神，使得道家学说不仅成为当时社会的指导思想，同时也成为整个中国文化精神的集中代表者之一。

儒家之所以能成为中国文化的主要代表者，也有着与道家的相同经历。汉初儒家荀子学说影响很大，如“六经”之学中的易、诗、礼、乐等学，都有荀学的传承，而荀子礼法兼用的思想也普遍为汉儒所接受。西汉大儒董仲舒建议武帝“诸不在六艺（六经）之科，孔子之术者，皆绝其道，勿使并进”，为以后武帝“罢黜百家，独尊儒术”之所本。然而，从董仲舒本身的思想来说，也早已不是单纯的原始儒学了。他不仅大力倡导礼法、德刑并用的理论，而且大量吸收墨家的“兼爱”“尚同”理论，乃至墨家某些带有宗教色彩的思想。而更为突出的是，在他专攻的《春秋》公羊学中，充满了阴阳家的阴阳五行学说，使阴阳五行思想成为儒家学说中的一个有机组成部分。班固在《汉书》中评述说，“董仲舒治公羊《春秋》，始推阴阳，为儒者宗”（《汉书·五行志上》），就明确地指出了这一点。由此可见，经由董仲舒发展而建立起来的汉代儒学，如同汉初的道家黄老之学一样，也是广采了阴阳、墨、名、法、道各家之长的。同样也正是这种容纳、吸收和融会的精神，使儒家学说不仅成为当时社会的指导思想，同时也成为整个中国文化精神的集中代表者之一。

道家思想的核心是无为，主张顺自然、因物性；而儒家思想的核心是有为，强调制名（礼）教、规范人性。这两种类型思想的不同和对立是显而易见的，而两者在历史上相互补充、相互吸收以构成中国文化的基本格局、中国民族的主要精神，同样也是显而易见的。诚如班固所说，“其言虽殊，辟犹水火，相灭亦相生也”，“相反而皆相成也”。同时必须说明的是，儒、道两家的核心思想也不是绝对不可调和或相互融合的。

人们经常把道家的无为理解为一种消极逃避、什么都不去做的主张。其实，这是很不全面，也不十分准确的。应当指出，在道家内部存在着消极无为和积极无为两种不同的学说，他们对于无为思想精神的理解是很不相同的。道家的庄子学派总的说来比较偏向于消极的无为，他们追求一种“堕肢体，黜聪明”的“坐忘”（《庄子·大宗师》）和“形如槁木”“心如死灰”的“吾丧我”（《庄子·齐物论》）的自我陶醉的精神境界。而道家的老子学派所说的无为就不完全是消极的了。老子所谓的无为，主要是“辅万物之自然而不敢为”（《老子》六十四章）。他强调的是“生而不有，为而不恃，长而不宰”（《老子》五十一章），和“不自见”“不自是”“不自伐”“不自矜”(《老子》二十二章),即不自作聪明、不自以为是、不自居功劳、不自我夸耀。所以,老子的无为并不是什么也不为,而是主张为而不恃,是要以退为进、以曲求全、以柔胜刚。荀子在批评庄、老二家学说时,一则说“庄子蔽于天而不知人”(《荀子·解蔽》),一则说“老子有见于拙(曲),无见于信(伸)”(《荀子·天论》),对于两者思想精神的不同之处,抓得相当准确,点得十分明白。

韩非在吸收老子无为思想时,强调的只是君道的无为,而臣道是应当有为的。韩非认为,君主的任务主要是把握原则、任用百官,如果事必躬亲,不仅忙不过来,也做不好,而更严重的是,它将极大地妨碍和打击臣下百官的工作积极性和主动性。所以,君道的无为可以更好地发挥臣下的积极性和主动性。

汉初黄老之学所强调的无为而治,又进一步表彰臣道的无为。汉初的主要政治经济政策是与民休养生息,强调尽可能少地去扰民,充分调动和发挥百姓们的积极性和主动性,以利社会秩序的稳定和经济的复苏。汉初黄老之学同时表彰臣道无为,正是出于这样的背景。今存《淮南子》一书中,保存了不少汉初黄老的学说,其中论及无为思想处,有许多积极的方面。如其说:“无为者,非谓其凝滞而不动也,以言其莫从己出也。”(《主术训》)“若吾所谓无为者,私志不得入公道,嗜欲不得枉正术,循理而举事,因资而立功,权自然之势,而曲故不得容者。故事成而身弗伐,功立而名弗有,非谓其感而不应,攻而不动者。”（《修务训》）总而言之，“所谓无为者，不先物为也；所谓无不为者，因物之所为也。所谓无治者，不易自然也；所谓无不治者，因物之相然也。”（《原道训》）这里所讲的无为，都具有相当积极的含义，是很值得我们注意的。

由此可见，道家的无为思想并不是与有为截然不相容的，而从其积极精神方面讲，道家的无为是为了达到更好的有为，乃至于无不为。

同样，儒家的有为思想也不是截然排斥无为的。儒家主要经典《论语》，也记载有孔子称颂天道自然无为的言论，如说：“天何言哉！四时行焉，百物生焉。天何言哉！”（《阳货》）同时，他也赞扬效法天道无为的尧与舜，如说：“大哉，尧之为君也！巍巍乎，唯天为大，唯尧则之。荡荡乎，民无能名焉。巍巍乎，其有成功也。焕乎，其有文章。”（《泰伯》）又说：“无为而治者，其舜也与！夫何为哉？恭己正南而已矣！”（《卫灵公》）儒家对于自然界的法则也是极为尊重的，强调人类在生产活动中一定要按自然界的法则去行动。如荀子说：“养长时则六畜育，杀生时则草木殖。”“草木荣华滋硕之时，则斧斤不入山林，不夭其生，不绝其长也。鼋鼍鱼鳖鳅鳣孕别之时，网罟毒药不入泽，不夭其生，不绝其长也。春耕、夏耘、秋收、冬藏，四者不失时，故五谷不绝，而百姓有余食也。污池渊沼川泽，谨其时禁，故鱼鳖优多而百姓有余用也。斩伐养长不失其时，故山林不童而百姓有余材也。”（《荀子·王制》）这些防止人类有为活动的随意干预，积极尊重自然法则的无为思想，是儒、道两家一致认同的。

力图把儒、道两家思想融通为一，而且获得相当成功的，是魏晋时代的玄学。中国传统文化是一种具有强烈现实性和实践性性格的文化，中国传统哲学所讨论的理论问题，主要是那些与现实实际生活密切相关的实践原则。即使被人们称之为“清谈”“玄远”的玄学，也不例外。人们所熟知的，玄学讨论的有无、本末、一多、动静等抽象理论问题，其实无一不与解决名教与自然的关系这一现实的社会、人生问题有关。

所谓名教与自然的关系问题，也就是社会规范与人的本性的关系问题。众所周知，任何一个人都是生活在一定的社会经济、政治、人际等关系之中的，要受到社会职业、地位、法律、道德等的制约。所以，人都是社会的人。但同时，每一个人又都是有其各自的性格、独立的精神世界和意志追求的，所以人又都是个体的人。人的这种两重性，构成了现实生活中社会和个人之间复杂的矛盾关系。探讨个人与社会的矛盾关系，是中外古今思想家、哲学家最为关心的问题之一。而在中国传统哲学中尤为关注，可说是它的一个中心议题，有着极为丰富的理论。我们在上面提到过，儒家强调制名（礼）教以规范人性，道家则主张顺自然而因物性。所以，名教与自然分别是儒、道两家的理论主题和争议焦点之所在。

以融合儒、道两家思想为基本特征的玄学理论，对于中国传统哲学，乃至整个中国传统文化的某些基本性格与精神的形成，有着重要的、决定性的作用。这一点是治中国哲学或中国文化者不可不知的。我在一篇题为《玄学与中国传统哲学》的论文中举出两点为例，以说明玄学的历史作用和理论地位。第一点是说，由玄学发展起来的“自然合理”论，确立了中国传统哲学的基本理论形态之一，形成了中国传统文化注重自然法则、人文理性而宗教观念相对淡薄的基本性格。第二点是说，玄学认知方法上的“忘象（言）得意”论，构成了中国传统哲学中最主要的思维方式之一，奠定了中国传统文化艺术的主要特点和根本精神，有兴趣者可找来一读。

二、佛与儒、道

佛教是在两汉之际由印度传入的外来文化。当其传来之初，人们对它了解甚浅，把它看成与当时人们所熟悉的黄老之学、神仙方术相类似的学说。

如袁宏在《后汉纪》中介绍说：“佛者，汉言觉，将以觉悟群生也。其教以修善慈心为主，不杀生，专务清净。其精者号为沙门。沙门者，汉言息心，盖息意去欲，而归于无为也……故所贵行善修道，以炼精神而不已；以至无为而得为佛也。”（卷十）汉末、三国时期，佛经已渐有翻译，迨至东晋时期，则开始了大规模佛经传译的工作。其间，姚秦时著名佛经翻译家鸠摩罗什及其弟子所翻译的佛经，以译文传意达旨，译笔优美通畅而广为传颂，影响至今犹存。它对于佛教在中国的传播和发展发挥了重要的作用。这时，东来传教的高僧日多，本土的出家僧众也激增，其间有不少的饱学大德，因此，佛教在社会上的影响迅速扩大。东晋南北朝以来，随着佛教影响的扩大，随着本土人士对佛教教义的深入了解，佛教这一外来文化与本土文化之间的差异和矛盾就暴露出来了。接着，两者之间的冲突，也就不可避免地爆发了。由于当时中国本土文化以儒、道为代表的格局已经形成，所以佛教与本土文化之间的矛盾冲突，也就表现为佛、道与佛、儒之间的矛盾冲突。

这里所说的佛、道冲突中的道，已不单是指先秦的老庄、汉代的黄老等道家，它同时也包括了东汉末产生的道教，而且从形式上来看，更多的是与道教的矛盾冲突。佛教与道教的矛盾冲突，虽然也有因教义上的不同而引起的斗争，但道教主张长生久视、肉体成仙，而佛教则宣扬诸行无常、涅槃寂灭，这样两种根本相反的解脱观，自然是会发生冲突的。但佛道两教之间的冲突，更多的却是发生在争夺社会地位上。从南北朝至五代，先后发生过四次较大规模的灭佛运动，佛教中人称之为“三武一宗法难”。这四次灭佛运动都是有其深刻的社会政治、经济原因的，但其中前两次的灭佛运动，即北魏太武帝太平真君七年和北周武帝建德二年那两次，则又是与道教的争夺统治者的崇信，确立其社会的正统地位直接有关。唐武宗会昌五年的那次灭佛运动，其中也有道教人士参与劝谏。只有五代后周世宗的废佛运动，未见有道教的掺入。在两教争正统的斗争中，双方都编造了不少荒诞的谎言来攻击对方、抬高自己。如，道教编造《老子化胡经》等，谎称老子西行转生为释迦佛；佛教也如法炮制伪造各种文献，或声称老子转世为佛弟子迦叶，或分派迦叶转生为老子，等等。诸如此类，不一而足，没有什么价值。

佛教与儒家的冲突，最直接的是佛教的出世主义、出家制度明显有违于儒家提倡的伦理纲常等礼教。所以两家斗争的焦点，也就主要集中在佛教的出世出家是否违背了中国传统的孝道和忠道。在这一斗争中，坚持儒家立场者，激烈抨击佛教的出家制度教人剃须发、不娶妻、不敬养父母等，完全违背了孝道；而出世主义则不理民生、不事王室、不敬王者等，又完全违背了忠道。因而极贬佛教为夷教胡俗，不合国情，必欲消灭之而后快。站在佛教立场者，为求得在中国的生存，则竭力采取调和态度，辩明其不违中国礼俗之根本。如东晋著名高僧慧远就申辩说："悦释迦之风者，辄先奉亲而敬君；变俗投簪者，必待命而顺动。若君亲有疑，则退求其志，以俟同悟。斯乃佛教之所以重资生，助王化于治道者也。"（《沙门不敬王者论》"在家一"）这是说，信佛教者是把奉亲敬君放在第一位的，如果得不到君亲的同意或信任，则要退而反省自己的诚意，直到双方都觉悟。这也就是佛教对于民生、治道的裨益。他还说，出家人虽然在服饰上、行为上与在家人有所不同，但他们有益民生、孝敬君亲，与在家人没有两样。所以说："如令一夫全德，则道洽六亲，泽流天下，虽不处王侯之位，亦已协契皇极，在宥生民矣。是故内乖天属之重，而不违其孝；外阙奉主之恭，而不失其敬。"（同前"出家二"）

从理论方面讲，当时佛教与儒道的斗争主要集中在神的存灭、因果报应等问题上。成佛是佛教徒的最高理想，对此问题，当时的中国佛教徒提出了一种"神明成佛"的理论。梁武帝萧衍甚至专门写了一篇题为《立神明成佛义记》的论文来发明此义。他在文中说："源神明以不断为精，精神必归妙果。妙果体极常住，精神不免无常。"这里所谓"神明"，指人的灵魂；"不断"，是不灭的意思；"妙果"，即指成佛。这句话的意思是说，人的灵魂要修炼到不灭，才可称作"精"；这种"精"的"神"，最终必定成就佛果。佛果为彻悟之体，所以永恒不变；精神则尚处于过程之中，不能免于流动变迁。沈绩对这句话注解道："神而有尽，宁为神乎？故经云：吾见死者形坏，体化而神不灭。"他引经据典地说明了"形坏神不灭"的论点。当时的儒、道学者则针锋相对地提出了"形神相即""形质神用""形死神灭"等观点。又，佛教讲因果报应，特别是讲三世报应，这也是与中国传统观念不一致的。佛教的业报，强调自己种下的因，自己承受其果报。有的现世受报，有的来世受报，有的则经过二生三生，乃至百生千生，然后才受报。而在中国传统观念中，则盛行着“积善之家，必有余庆；积不善之家，必有余殃”的教训。即祖先积善或积不善，由子孙去承受福或祸，而主要不是本人去承受。所以，晋宋齐梁期间围绕神灭、神不灭和因果报应等问题曾展开了一场激烈的斗争。

在佛教与儒、道发生矛盾冲突的同时，更值得注意的是佛教与儒、道之间的相互渗透和融合。这里，我们首先从佛教方面来看一下这种渗透和融合。佛教传入之初，为使中国人理解这一外来宗教的思想，借用了大量的儒、道所用的传统名词、概念来比附译释佛教的一些名词、概念。此即所谓“格义”的方法。如，以无释空，以“三畏”（《论语·季氏》：“孔子曰：君子有三畏：畏天命，畏大人，畏圣人之言。”）拟“三归”（归依佛、法、僧），以“五常”（仁、义、礼、智、信）喻“五戒”（去杀、盗、淫、妄言、饮酒）等。这种借用现象，在对外来文化的传译初期是不可避免的。然而，由于佛教传入初期，人们对其了解不深，这种名词、概念的借用，也就给一般人带来了不少的误解。而这种误解，也就使儒、道的思想渗入了佛教之中。陈寅恪先生在其所著《支愍度学说考》一文中，举出《世说新语》刘孝标注所引当时般若学中的心无义曰：“种智之体，豁如太虚。虚而能知，无而能应。居宗至极，其唯无乎？”然后评论说：“此正与上引《老子》（‘天地之间，其犹橐籥乎？虚而不屈，动而愈出。’）及《易·系辞》（‘易无思也，无为也。寂然不动，感而遂通天下之故。非天下之至神，其孰能与于此。’）之旨相符合，而非般若空宗之义也。”陈先生的评论是很深刻和正确的。

如果说，这种初期的融入尚是不自觉的话，那么后来佛教为了在中国扎下根来，则进行了自觉的、主动的融合。首先在译事方面，佛教学者总结了“格义”法的缺陷，以及在翻译中过分讲求文辞，而忽略其思想意义等问题，主动积极地吸收和提倡玄学“得意忘象（言）”的方法，以领会佛典所传达的根本宗旨和思想精神。正如东晋名僧道生所说的：“夫象以尽意，得意则象忘。言以诠理，入理则言息。自经典东流，译人重阻，多守滞文，鲜见圆义。若忘筌取鱼，始可与言道矣！”（《高僧传》卷七）又如，东晋名僧僧肇，深通老庄和玄学，他的著作《肇论》，借老庄玄学的词语、风格来论说般若性空中观思想。在使用中国传统名词和文辞来表达佛教理论方面，达到了相当高妙的境地，深契忘言得意之旨。所以说，玄学对于佛教的影响是很深的，它在连接佛教与中国传统文化方面起了重要的桥梁作用。当然，反过来佛教对于玄学的影响也是十分巨大的。两晋之际，玄学家以佛教义理为清谈之言助，已在在皆是，所以玄佛融合成为东晋玄学发展的一个重要趋势。

在中国儒、道、玄思想的影响下，原印度佛教的许多特性发生了重大的变化。诸如，印度佛教杂多而烦琐的名相分析，逐渐为简约和忘言得意的传统思维方式所取代；印度佛教强调苦行累修的解脱方法，则转变为以智解顿悟为主的解脱方法；印度佛教的出世精神，更多地为世出世不二，乃至积极的入世精神所取代，等等。而在理论上则更是广泛地吸收了儒家的心性、中庸，道家的自然无为，甚至阴阳五行等各种思想学说。正是经过这些众多的变化，至隋唐时期，佛教完成了形式和理论上的自我调整，取得了与中国传统文化的基本协调，形成了一批富有中国特色的佛教宗派，如：天台宗、华严宗、禅宗、净土宗等。佛教终于在中国扎下了根，开花结果。与此同时，佛教的影响也不断地深入到了人们的日常衣食、语言、思想、文学、艺术、建筑，乃至医学、天文等各个方面。至此，佛教文化已成为整个中国文化中可以与儒、道鼎足而立的一个有机组成部分。唐宋以来的知识分子，不论是崇信佛老的，还是反对佛老的，无一不出入佛老。也就是说，这时的佛教文化已成为一般知识分子知识结构中不可或缺的一个部分。可以毫不夸张地说，要想真正了解和把握东晋南北朝以后，尤其是隋唐以后的中国历史、文化，离开了佛教是根本不可能的。

佛教文化在中国的生根和发展对于中国传统的儒、道思想也产生了深刻的影响，促使它们在形式和理论上自我调整和发展更新。

由于汉末道教的创立和发展，此后道家的问题变得复杂起来了。道教是在杂糅原始宗教、神仙方术、民间信仰等基础上，附会以道家老子思想为理论依托而建立起来的。后来又受到佛教的影响，仿效佛教的戒律仪轨、经典组织等，使自己不断地完善起来。道教尊奉老子为其教主，以老、庄、文、列诸子的著作作为最根本的经典，如尊《老子》为《道德真经》，尊《庄子》为《南华真经》，尊《文子》为《通玄真经》，尊《列子》为《冲虚至德真经》等。所以，就这方面来讲，道教与道家是密不可分的，因而在人们平时所称的儒、释、道中的道，一般都是含混的，并不严格限定它是专指道家还是道教。

其实，道家与道教是有根本区别的。简而言之，道家是一个学术流派，而道教则是一种宗教。先秦道家，尤其是老子倡导的自然无为主义，在描述道的情况时说，“道冲而用之或不盈，渊兮似万物之宗。……湛兮似或存，吾不知谁之子，象帝之先”（《老子》四章）；而在称颂道的崇高品德时则说，“辅万物之自然而不敢为”（《老子》六十四章），“生而不有，为而不恃，长而不宰”（《老子》五十一章），等等。这些论述，在当时来讲更是具有一定的反宗教意义。即使在道教问世之后，道家与道教无论从形式上还是理论上都是有区别的。如魏晋玄学家王弼、嵇康（223—262）、阮籍（210—263）、郭象（约252—312）、张湛等人所发挥的老、庄、列思想，人们绝不会说他们讲的是道教，而必定是把他们归入道家范畴。反之，对葛洪、陶弘景、寇谦之等人所阐发的老庄思想，则一定说他们是道教，而不会说他们是道家。这倒并不是因为葛洪等人具有道士的身份，而主要是由于他们把老庄思想宗教化了。具体说，就是把老庄思想与天尊信仰、诸神崇拜、修炼内外丹、尸解成仙等道教的种种宗教寄托和目标融合在一起了。而这些在玄学家所发挥的道家思想中是找不到的。以此为基准去判别汉末以后的数以千计的老、庄、文、列的注解释义著作，那么哪些应归入道家，哪些应归入道教，应当是十分清楚明白的。当然，这种分辨并不涉及这些著作的理论价值的高低评价问题。事实上，在佛教理论的刺激和影响下，道教理论在广度上和深度上得到了极大的发展，不少道教著作在一些方面对道家思想有很多的丰富和发展，有的甚至对整个中国传统文化的发展也是有贡献的。

总之，所谓儒、释、道中的道，包括了道家和道教。即使当人们把儒、释、道称为“三教”时，其中的道也不是单指道教（这里需要附带说明的是，中国传统上所谓“三教”的“教”，其含义是教化的教，而不是宗教的教）。所以，当我们总论“三教”中的“道”时，既要注意道家，也要注意道教，不可偏执；而当我们研究和把握某一具体的著作或思想家时，则应当分清它究竟是道教还是道家，不可笼统。

儒家思想理论在佛教的冲击和影响下，也有很大的变化和发展。如上面所提到的，东晋以后佛教思想就深入到了社会生活各个领域，尤其是宋元以后的知识分子无一不出入于佛老，这些都还只是现象上的描绘。其实，佛教对儒家最主要的影响是在于它促使儒家对发展和建立形而上理论的深入探讨。与佛教相比，原始儒家在理论上更注意于实践原则的探讨与确立，其中虽也有一些形而上学的命题，但并没有着意去加以发挥。

所以在形而上理论方面，原始儒家甚至还不如道家。佛教传入后，它那丰富深奥的形而上理论，给儒家以极大的冲击和刺激，一度还吸引了大批的优秀知识分子深入佛门，去探其奥秘。而且，确实也由此而涌现出一批积极探讨形而上理论的儒家学者。唐代著名学者柳宗元，在评论韩愈的排佛论时说，韩愈给佛教所列的罪状，都是佛教中的一些表面东西，至于佛教内所蕴含的精华，他根本不了解。所以说：韩愈完全是“忿其外而遗其中，是知石而不知韫玉也”。实际上，“浮图诚有不可斥者，往往与《易》《论语》合，诚乐之，其于性情奭然，不与孔子异道”。(《柳宗元集》卷二十五《送僧浩初序》）这段话表明，柳宗元透过儒、佛表面的矛盾，看到了佛教理论有与儒家思想相合之处，其见地显然高出韩愈一筹。其实，韩愈虽强烈排佛，但也不能完全摆脱佛教的影响。他所标举的儒家道统说，与佛教的判教和传灯思想不能说全无关系。

人们常把宋明理学的萌发，推求于韩愈及其弟子李翱。韩愈对宋明理学的影响，主要在他所标举的儒家道统说。而李翱对宋明理学的贡献，则在于他指出了一条探讨儒家心性形而上理论的途径。在韩愈那里，还是遵循比较传统的儒家思路的，即更注重于具体道德原则的探讨。理学以承继尧、舜、禹、汤、文、武、周公、孔、孟的道统和复兴儒学为己任。然而，他们所复兴的儒学，已不完全是先秦的原始儒学了。一方面，理学的形而上理论受玄学影响极深，如玄学所提倡的“自然合理”

的理论形态，为理学所积极接受和发展。另一方面，理学受佛教理论的影响也甚多。如理学大谈特谈的“主静”“性体”“体用一源，显微无间”“理一分殊”等，无一不与佛教思想有着密切的关系。所以，理学所代表的儒学，在理论形态上与先秦原始儒学存在着不同。先秦原始儒学的许多具体道德规范，到了理学家手中就平添了许多形而上学的道理。

综上所述，中国文化中的儒、释、道三家（或称“三教”），在相互的冲突中相互吸收和融合；在保持各自的基本立场和特质的同时，又你中有我，我中有你。三家的发展历史，充分体现了中国文化的融合精神。经过一千多年的发展，到 19 世纪中叶以前，中国文化一直延续着儒、释、道三家共存并进的格局。历代统治者推行的文化政策，绝大多数时期也都强调三教并用。南宋孝宗皇帝赵昚说：“以佛治心，以道治身，以儒治世。”（刘谧著《三教平心论》卷上）这是很具代表性的一种观点。所以，当人们随口而说，中国文化是儒家文化的时候，请千万不要忘了还有佛、道二家的文化在国人的精神生活中发挥着巨大的作用。我们说，中华人文精神是在儒、释、道三教的共同培育下形成的，这话绝无夸张之意。

人文精神对科技时代的引导

随着我国社会经济、文化、政治改革开放的深入发展和国际交流的广泛开展，人们越来越感觉到我国国民素质亟待提高。而且，人们也越来越意识到这种国民素质的提高，应当是一种全面的提高。也就是说，它不仅是现代科技知识的提高，而且包括一般人文知识的提高，以及为人之道的提高。而从某种意义上来说，为人之道的提高，亦即基本做人准则、伦理观念、道德规范的确立和提高，在国民素质的养成和提高中，具有更为根本、更为重要的意义。而为人之道的养成和提高，主要靠教育（社会教育、学校教育、家庭教育）和自我修养。这里，教育是外在的、被动的；自我修养则是内在的、主动的。伦理道德的践行既有外在的他律约束，更需要靠内在的自律自觉。儒家十分重视教育在基本伦理观念和道德规范养成方面的作用，但是在培养伦理观念和道德规范的自觉，以及不断提升人格境界方面，则更为强调自我的修养工夫。孔子说：“为仁由己，而由人乎哉？”（《论语·颜渊》）就是强调道德的自觉自律。自我心性修养既是主动养成正确伦理观念和不断提升人格境界的途径，更是在行为上自觉实践伦常义务、道德规范的自律工夫。于是，自我修养的问题从理论上、实践上重新引起了社会的关注和重视，人们开始为“修养论”恢复名誉。

人们一般都把儒家的修养论理解为仅仅是道德方面的修养，其实儒家所讲的修养，是以道德为中心的一个人的全面素质修养。儒家学者认为，道德修养不是孤立的，而是与一个人的全面素质提高密不可分的。因此，儒家所讲的修养论中，同时也包括了文化知识、文学艺术、职业技能，乃至日常生活中的礼仪规范等的养成和提高在内。儒家学者把日常生活中的各种礼仪规范，如洒扫应对等，也看成是进德成业不可或缺的修养内容。这是很有道理的。试想，一个连最起码的生活中的礼仪都不愿意做或做不好的人，怎么可能期望他会成为一个有高尚品德和能成就大事业的人呢?

事实上，现代社会对每一个人的素质要求更高。科学越发展，人类驾驭和支配自然资源的力量越强大，同时也就要求人们能更自觉地约束自己，节制自己的欲求，而且要学会尊重自然，爱惜资源，树立起一种“生态伦理”观念来。在这方面，儒家伦理中强调“不违天时”“节用”“御欲”，反对不时砍伐、渔猎，讨伐“暴殄天物”等思想是很值得我们今天借鉴的。同样，民主越发展，个人越自由，同时也就要求每个人都能更加自觉地约束自己，更加懂得尊重他人，树立起一种真正符合人人平等自由的“人际伦理”观念来。在这方面，孔子说的“己所不欲，勿施于人”的“恕”道等，即使在今天也不失为一条有益的教训和人际伦理的准则。

孟子说：“天将降大任于斯人也，必先苦其心志，劳其筋骨，饿其体肤，空乏其身，行拂乱其所为，所以动心忍性，曾益其所不能。”（《孟子·告子下》）对于生长在现代优裕生活环境中的青少年，尤其需要有这种自找苦吃的自我修养精神，否则是担负不起未来人类社会建设任务的。这就充分说明，即使在青年中也已认识到传统伦理，包括儒家伦理，在建设现代社会文明中还是有重要意义的。随着对传统文化、儒家伦理种种偏见和误解的消除，去掉那些儒家伦理中的封建性糟粕，可以相信，儒家伦理是能够为现代中国的经济建设和文化建设做出积极贡献的。

儒释道的实践智慧

当今世界，一切有识之士无不为人类赖以生存的地球自然环境的日趋恶劣而忧心如焚。生态平衡的肆意破坏，引起了全球的气候反常；生活环境的横遭污染，带来了致命的怪病恶疾。长此以往，不仅严重地威胁着现在世界人类的生存，而且将贻害于子孙后代，大大缩短人类在地球上的生存历史。这绝不是故作危言耸听，而是摆在当今人类面前的无情现实。

从现象上看，造成当今世界人类生存环境危机的原因是：人类过度地向自然索取，进行破坏性、掠夺性地开发，以及大量有害的生产、生活废弃物的污染。因此把对自然的破坏性、掠夺性开发，改变为计划性、保护性开发，加强对有害生产、生活废弃物的积极治理，是可能取得改善当前人类生存环境的一定效果的。但是，这远不能从根本上解决问题。因为，追根究蒂，造成当今世界人类生存环境危机的根本原因，是由于人们对自己欲望的无限度放纵和追求。所有不顾一切后果地疯狂掘取自然资源，并且肆意加以挥霍浪费，都是人们无限度放纵欲望追求的结果。所以，人类如果不能从思想观念上有所改正，从节制自己的欲望追求入手，就不可能从根本上消除潜伏着的、未来的造成严重危害人类生存环境的根源，同时也是不可能真正解决当今世界人类的生存环境危机的。

因此，现在应当是人类认真自我检讨，并切实施行自我节制欲求的时代。人们需要设计各种科学合理、利于身心健康的生活方式，重新调整人类与自然之间的关系，为子孙万代创造一个优美良好的生存环境。

在中国的儒、释、道三家的理论中，都十分强调人与自然界和谐一体的思想，都强调人类应节制自己的物欲，不要沦为物的奴隶。他们认为，人与天地万物同为一气所生，互相依存，具有同根性、整体性和平等性。如《庄子·齐物论》中说："天地与我并生，而万物与我为一。"儒家因此而宣导"仁民爱物"，如宋代著名哲学家张载说，"民吾同胞，物吾与也"（《正蒙·乾称篇》），着意强调万物与人为同类（"与"），应当推己及物。理学的创始者之一程颢也说："人与天地一物也。"（《河南程氏遗书》卷第十一）而其弟程颐更反复声称，"仁者以天地万物为一体"，"仁者浑然与万物同体"（同上，卷第二上），等等。荀子在提倡"节欲""御欲"的同时，更指出："君子役物，小人役于物。"（《荀子·修身》）

一、儒家的思想理论与实践智慧

儒家的生命观是一种整体的生命观。这种生命观认为，生命不是一个一个独立的生命体，而是相互关联、前后相续的，个体生命只是整个生命链中的一段，个体生命有生就必有死，而人类的整体生命则会通过下一代接续下去。《礼记·祭义》中引曾子的话说："身也者，父母之遗体也。"意思就是说，子女的身体是父母身体的继续，也就是其父母生命延续的。这种生命观要求中国人做什么事情都不能只为自己这一代考虑，而要为子孙后代着想。所谓"积善之家，必有余庆；积不善之家，必有余殃。"(《坤卦·文言》)"前人栽树，后人乘凉"，等等。如何为下一代，为后人保护好环境，创造更好的生存环境，是这种生命观的重要责任。

汉儒以阴阳五行说大讲天人感应，其间涉及社会历史、政治、人事等方面者多有附会之处。然其被吸收于医学中者，则成了中医重视自然环境对于人的健康和疾病密切相关的重要基础理论。中医认为，人与自然界的和谐状态的破坏或失调，可以说是人得病的最主要的原因之一。反之，保持人与自然界的和谐，也就是保证人的健康的最重要的因素之一。体现于中医的治疗中，则无论是诊断还是处方，都首先参之以时令节气，乃至于严格到选择药材之产地产时。这种把人类健康与自然环境联系起来的观念，是完全符合事实的科学的理论。同时，这种观念也告诉人们，为了人类自身的健康，必须要全力保护人类赖以生存的地球自然环境。这在当今世界尤其有十分重要和积极的意义。

此外，儒家还有许多关于合理利用自然资源和节约消费的思想，也是值得我们今天借鉴的。如，儒家十分强调“不违农时”，尊重自然界万物的生长规律。《孟子·梁惠王上》说：“不违农时，谷不可胜食也；数罟不入洿池，鱼鳖不可胜食也。斧斤以时入山林，材木不可胜用也。”《淮南子·主术训》也说：“先王之法，畋不掩群，不取麛夭。不涸泽而渔，不焚林而猎。豺未祭兽，罝罘不得布于野；獭未祭鱼，网罟不得入于水；鹰隼未挚，罗网不得张于溪谷；草木未落，斤斧不得入山林；昆虫未蛰，不得以火烧田。孕育不得杀，鷇卵不得探，鱼不长尺不得取，彘不期年不得食。”

不仅如此，儒家还提出人们在生活消费中必须要有“长虑顾后”的观念，而不应当任人之欲。那种“不顾其后”，随意奢侈浪费的人，乃是一些“偷生浅知”之徒。所以荀子把“节用”与“御欲”联系起来，这是很有深远意义的见地。

当今是一个以消费促经济发展的时代，社会正在大力宣传消费，鼓励消费，刺激消费，在这种现实面前来讲“节欲”，似乎有点不合潮流。可是如果就整个现实说，我认为儒家的“道（导）欲”说、“节欲”说、“养欲”说和“御欲”说，不仅在历史上是一种正确调节人类欲求的理论，即使在当今世界，也仍然有着它的重要的现实意义。

儒家学说是一种“成人”之学。这里的“成”不是“成年人”的“成”，而是“成为人”的“成”，即教育人成为一个真正的“人”。那么在儒家学说中，什么样的人才算是一个真正的人呢？简单地讲，《大学》中开宗明义提出的“三纲领”：“明明德”“亲民”“止于至善”，就是儒家心目中的“成人”。必须指出，儒家的这种“成人”学说，绝不仅仅是一种“理论”的探讨，而是要付诸实践，落实到行动中去的。所以《大学》紧接着就说明道：“古之欲明明德于天下者，先治其国；欲治其国者，先齐其家；欲齐其家者，先修其身；欲修其身者，先正其心；欲正其心者，先诚其意；欲诚其意者，先致其知；致知在格物。”这也就是著名的“八条目”。在这“八条目”中，“修身”是中心环节。“格物、致知、诚意、正心”是为了“修身”，而“修身”是为了“齐家、治国、平天下”。前者可称为“内圣”功夫，而后者可称为“外王”之用。所以《大学》中强调说：“自天子以至于庶人，壹是皆以修身为本。”就这一角度讲，儒家学说也可以说是以“修身”为核心建立起来和深入展开的。

“修身”对个人讲是要完善自我人格，乃至“希贤希圣”追求圣贤的至善品德；对家庭、社会、国家讲则是要遵守个人、家庭、社会的道德规范，推行和维护家庭、社会、国家的伦理秩序。而这一切都不是单纯的理论探讨能解决的，而是要通过实践，落实到行动中去才能实现的。由此而言，儒家学说当以“实践”为其特性，而事实上儒家学说也确实有其鲜明的实践性格。

《论语·公冶长》中记载着子贡说的一句话：“夫子之文章，可得而闻也；夫子之言性与天道，不可得而闻也。”它说明，孔子当年很少谈一些抽象的形而上学的问题。事实也是如此，我们从《论语》中记载的孔子教育学生的言论看，可以说都是一些具体的行为道德规范，而且都有非常鲜明的针对性。如：答樊迟问仁，一则曰：“仁者先难而后获，可谓仁矣。”(《雍也》)一则曰：“爱人。”(《颜渊》) 答颜渊问仁，曰：“克己复礼为仁。”(《颜渊》) 答仲弓问仁，曰：“出门如见大宾，使民如承大祭。己所不欲，勿施于人。在邦无怨，在家无怨。”(《颜渊》) 答司马牛问仁，曰：“仁者其言也讱。”(《颜渊》) 答子张问仁，曰：“能行五者（恭、宽、信、敏、惠）于天下，为仁矣。”(《阳货》)

再如说：“巧言令色，鲜矣仁。”(《学而》《阳货》)“刚毅木讷，近仁。”(《子路》) 以及有子说的“孝弟也者，其为仁之本与！”(《学而》) 等等，无一不是具体实践行为中遵守的规范原则。

孔子强调的“为己之学”，是儒家学说实践性格最切实的体现。《论语》中记载着孔子有一次很感叹地说：“古之学者为己，今之学者为人。”(《宪问》) 后来荀子引用了这句话，而且还作了解释。荀子说：“古之学者为己，今之学者为人。君子之学也，以美其身；小人之学也，以为禽犊。”再具体点说：“君子之学也，入乎耳，箸乎心，布乎四体，形乎动静。端而言，蠕而动，一可以为法则。小人之学也，入乎耳，出乎口；口耳之间，则四寸耳，曷足以美七尺之躯哉！”（《荀子·劝学》）按照荀子的解释，所谓“为己之学”，就是“学”要落实到自己的一言一行中，“学”是为了完善自己的人格。而“为人之学”的“学”则只是“入乎耳，出乎口”，听听说说而已，这样的“学”只是为了显示给别人看，而与自己人格的完善毫不相干。

孔子非常注重言之必行和言行一致，他赞扬古人说：“古者言之不出，耻躬之不逮也。”（《里仁》）又说：“君子耻其言而过其行。”（《宪问》）所以，孔子对那些言行不一，说而不做的学生都要给予严厉的批评。如有一次他看到宰予大白天睡觉，就痛责道：“朽木不可雕也，粪土之墙不可圬也。”并且由此反省说：“始吾于人也，听其言而信其行；今吾于人也，听其言而观其行。”（《公冶长》）孔子对学生的要求是，言行要一致，知了就要行，学了就要行。这个要求大概是十分严格的，以至于《论语》中记载有这样一条材料：“子路有闻，未之能行，唯恐有闻。”（同上）孔安国对这句话的解释是：“前所闻未及行，故恐后有闻不得并行也。”（《论语注疏》）意思是说，子路以前从孔子那里听到的道理，还没有落实到行动上，因此怕再听到孔子讲新的道理，而同样不能落实到行动上去。由此可见，孔子儒家学说对实践的重视程度。此诚如荀子所言：“道虽迩，不行不至；事虽小，不为不成。”（《荀子·修身》）就此而言，实践性格也许不仅仅是儒家学说独有的特征，抑或可说是整个中国思想文化的共同特征。

受佛教、道教的影响，唐宋儒者也开始探寻、阐发儒家的形上理论。较早自觉到这一问题的是唐代的李翱，他在其《复性书上》中讲道：“性命之书虽存，学者莫能明，是故皆入于庄、列、老、释。不知者，谓夫子之徒不足以穷性命之道，信之者皆是也。有问于我，我以吾之所知而传焉。遂书于书，以开诚明之源，而缺绝废弃不扬之道，几可以传于时。”大意是说，儒家关于探求性命原理的著作虽然存在，可是由于儒者不了解和不能发明，所以一般人都走向了佛、道。不了解情况的人，都以为儒学不足以探明性命的根本原理，许多人也信这种说法。现在有人向我提出这方面的问题，我将尽我所知告诉大家。于是我就写成文章，揭示出性命之学的源头来。这样，儒学中几乎断绝废弃的道理，也许能继续传下去。

到了宋代理学家那里，儒学上理论的研究讨论才发展和成熟起来。于是，就有了程颐强调“仁”与“爱”的体用性情分别之说，如他说：“孟子曰：‘恻隐之心，仁也。’后人遂以爱为仁。恻隐固是爱也。爱自是情，仁自是性，岂可专以爱为仁？孟子言恻隐为仁，盖为前已言‘恻隐之心，仁之端也’。既曰仁之端，则不可便谓之仁。退之言，‘博爱之谓仁’，非也。仁者固博爱，然便以博爱为仁，则不可。”（《二程集·河南程氏遗书卷第十八·伊川先生语四》）也就有了朱熹释“仁”时说的：“仁者，爱之理，心之德也。”（《论语·学而》注）“仁者，本心之全德。……为仁者，所以全其心之德也。盖心之全德，莫非天理，而亦不能不坏于人欲。故为仁者，必有以胜私欲而复于礼，则事皆天理，而本心之德复全于我矣。”(《论语·颜渊》注)等具有浓厚形上理论色彩的说法。

应当说，理学家发掘出儒家学说中的形上理论，是对儒家学说的重大发展。自魏晋南北朝、隋唐以来，在身心修养方面，玄学、佛教、道教的影响远超过儒家，而宋明理学的兴起，儒学形上理论的建立，使得儒学重新取得了在身心修养领域的主导地位。同时我们也应当看到，尽管理学的形上理论色彩加重了，但它们仍然是把实践放在学说最根本的位子。理学家之所以要复兴儒学，是因为他们认为佛、道之学都是“虚空”之学，修养得再好也无助于现实社会伦常关系的建立和巩固。而儒家伦理学说则处处落到社会现实的伦常层面上。

时至今日，儒学离现时代已经很远了，无论是认为儒学应彻底摒弃者，还是认为儒学尚有可为今日社会所吸纳的成分者，大多数人都已将儒家学说作为一种历史留存下来的思想理论来研究，也就是说，儒学只是一种知识对象，而不是把它作为指导自己行为的规范去对待。因此，研究儒学、弘扬儒学，并不一定要身体力行。我们不能说这样的研究、弘扬毫无意义，但是我想，儒学如果丢弃了它的实践性格，这样的儒学还会有生命力吗！

因此，我认为，当我们认为儒学中尚有不少思想理念在今天仍有它的价值和意义的话，那么就不能只把它当纯粹的历史文化和知识对象去对待，而至少应当有一批仁人志士去切实地践行它。在中国传统文化中，儒释道三教互补共生，如今佛教有大量寺庙和数十万出家人在传承着、实践着，道家依托道教也有宫观和道士在传承着、实践着。然而儒家呢？它的传承载体在那里，它的实践群体又是谁？这是我们今天讨论儒家思想，发掘其现代价值和意义时，也必须要认真思考的问题。

二、道家的思想与实践智慧

人是自然界的产物，是自然界的一部分。随着人类征服自然界的能力愈强，成果愈大，人类离自然界也就愈远，人的自然本性也就丧失得愈多。同样，个人从社会中得到的权利和保障愈多，那么个人受到社会的约束和限制也就愈多。这就是人类为了生存而面对的一个不能避免的矛盾的现实。所以，从某种意义上来讲，自然界和人类的发展过程本身，就是一个不断地自我异化的过程，不断为自己创造对立面，不断走向自己反面的过程。老子对这一点似乎有很深的体会，因此他才会说，“反者，道之动”，把向着反面发展看成是道的一个根本特性。

历史上不同的学派对于这种自然界和人类自我异化的必然性，有着不同的认识和解决方案。道家老庄对于人与自然界的异化和人与社会的异化，都是持批判态度的。他们认为因顺自人法地，地法天，天法道，道法自然。

老子二十五章

壬辰秋

宇烈

然是防止异化、克服异化的最好方法，所以，他们提倡的自然主义哲学，从某种意义上讲，也可以说是一种反异化的哲学。

老庄因顺自然的学说，首先强调的是人与自然界的和谐一体。他们认为，人也只是自然界中的普通一物，人如果认为自己不同于或优越其他自然物的话，则一定会被自然界看成是不祥之物。老庄也反对人类把自己的意志强加给自然界，对于自然界的规律横加干涉和改变。庄子讲过一个寓言，是说南海之帝倏和北海之帝忽一起去拜访中央之帝浑沌，浑沌热情周到地款待了他们。告别之时，南海之帝和北海之帝想回报一下浑沌。他们商量说，人人都有七窍用来看、听、吃和呼息，可独独浑沌没有，我们来为他打开七窍吧！于是，他们一天给浑沌打开一窍。七天后，七窍是开了，而浑沌却因此而死去了。这个寓言就是告诉人们，人为地改变自然界，不仅无益，甚至会置自然之物于死地。因此，老子强调指出，人类应当“辅万物之自然，而不敢为”（《道德经》六十四章）。

老庄自然无为思想包含了许多极为合理的思想，值得人们重视。如，认为“天地与我并生，而万物与我为一”，天地万物“道通为一”（《庄子·齐物论》），自然界是一个整体思想，以及尊重事物的本性和客观法则，强调根据事物和环境的变化而确定自己的行动原则等观念，都是十分有意义的。司马谈在《论六家要旨》中把道家自然无为的思想概括为“以因循为用”，是十分准确的。“因循”之意，可以从消极方面去理解，但也可以从积极方面去发挥。如《管子·心术上》中给“因”下的定语是说：“因也者，无益无损也”，“因也者，舍己而以物为法者也”。这里即充分体现了道家自然无为思想中包含的尊重客观事物本性和法则的精神。汉代的一些道家学者，对于自然无为也是从积极方面去理解的，他们认为，自然无为并不是无所作为，什么事也不做，而是说不要把个人的意志掺入到公共的原则中去，不要让私欲歪曲了正确的方法。自然无为就是应当按照客观规律去行事。所以，“无为”的含义是“不为物先”，“因物之所为”的意思，是“不易自然”，“因物之相然”，即顺其自然的意思。如大禹之治水，顺水之性而疏导之，就是一种“无为”。此外,“因”的思想中也包含着某种“权变”“因时而变”的思想，所以一些道家思想家就强调说：“人各以其所知，去其所害，就其所利”，“故忤而后合者，谓之知权；合而后忤者，谓之不知权。不知权者，善反丑矣。”(《淮南子·氾论训》）这句话的意思是说，看起来与原来的环境不合，然却与变化了的环境相合，这叫作懂得权变；相反，就是不知权变。不知权变者，好事也会变成坏事。由此可见，这样的“无为”，比之于那种盲目的、违背事物性质的、不顾后果的，唯人类之私意是逞的“有为”，不是具有更多的合理性和积极意义吗？不是具有某种防止和克服人类自我异化的作用吗？

道家老庄的自然主义，无疑是人类在与自然界斗争中力量低弱时期的一种反映。今天，人类改造和支配自然界的力量，可以说强大到了在某种程度上的“随人意志”的地步。然而一些有识之士很快就发现，这种“随人意志”地改造和支配自然，不仅遭到了自然界严重的反抗和报复，使自己的生存环境不断恶化，而且人类也越来越受到自己创造的“人工自然环境”的制约，成了它的奴隶，有时甚至严重到离开了“人工自然环境”，在自然界的本来环境中却无力生存的地步。可见人与自然界的自我异化到了何种严重的地步。因此，人类对于自然界的“自由意志”究竟有多大，这是一个亟待研究的问题。今天，人类似乎很有必要重新学会去尊重自然界，重新认识自己与自然界的一体关系。在这里道家的自然主义中许多合理的思想，对我们是很有启发的。

三、佛教的思想理论与实践智慧

佛教在“缘起”理论基础上，提出“一多相即”“事事无碍”，强调宇宙一体，“万物共生”“众生平等”，宣导“同体大悲，无缘大慈”，积极推行“护生”，维护人类与自然界的和谐相处。大乘佛教的慈悲精神，不单是对人类社会，它也遍及于一切有情之生命，乃至所有无情之山水土石。经中有言：“善门有多途，慈悲最是急”，又说：“护生成佛因，损生佛道涩”（道宣：《净心诫观法卷下》）“不杀是佛种，慈心为良药”（《法苑珠林》卷第八），都强调要以慈悲心爱护众有情的生命。南朝郗超在《奉法要》中对“不杀生”作了这样的阐释：“常当矜愍一切蠕动之类，虽在困急，终不害彼。凡众生厄难，皆当尽心营救，随其水陆，各令得所。”（《弘明集》卷第十三）意思就是要爱护一切有情众生，保护生态环境。

佛教对有情生命之慈悲，不仅体现于“不杀生”的戒律中，更体现于为救有情众生之生命，可以不惜牺牲自己的一切，乃至生命。在佛典中有大量记载着佛、菩萨为救助有情众生，不惜牺牲自己一切的故事。其中，“割肉喂鸽”“舍身饲虎”等是人们熟知的故事，虽不免有所夸张和极端，但它表达了慈悲利他精神的理想和升华。佛教对无情之山水草木的慈悲，则体现为对人类生存环境的良好保护。中国有句俗话：“天下名山僧占多。”“名山”当然是风景秀丽，环境优美，生态和谐的地方，中国的佛教寺庙大多建在风景幽雅、环境优美的名山中，佛教僧众选择这样的地方，固然为了有助于梵行清修，而同时我们也可以看到，这些“名山”因有僧众的住修，而保护了它的生态环境。

对于现代人来讲，精神上最大的痛苦和不幸，大概无过于“自我”的失落。而这种“自我”失落，完全是现代人盲目依赖物质手段和无节制追求物欲的结果。若追究其根由，也不外于佛教所揭出的贪、嗔、痴三毒心。贪欲是对名声、财物等己所爱好的东西的无限制追求；嗔怒是对不合己意的有情众生的嫉妒或憎恨；愚痴则是对事理的颠倒执着。三毒心的不断扩张，使现代人在不断扩张的物欲追求中，身为物欲之奴隶而尚不自觉；在日益发展的高科技面前，越来越被自己所创造的科技环境所支配，而走向“自我异化”。正是在这样的环境下，人们失去了越来越多的个体自我本有的主动和自由，越来越找不到人生真实价值之所在。

佛教以戒、定、慧三学来对治贪、嗔、痴三毒，教导人们以布施心去转化贪欲心，以慈悲心去转化嗔怒心，以智慧心去转化愚痴心。大乘佛教以本来清净为诸法之本性，既不应有人我之分别，亦不应有物我之分别。世人之追境逐欲，求名为利，自寻物尽之烦恼，实为自我清净本性之迷失。俗话说，“生不带来，死不带去”，这对于每个个人来讲，是一条颠扑不破的真理。试问，世上有哪一个人不是赤条条地来，又赤条条地去的？由此可见，对于每一个个人来讲，大乘佛教以清净本性为自我，是极其深刻的。

清净也就是空，不过大乘佛教是不离色言空的，它反对各种离色空、断灭空的说法，并斥之为戏论。因此，大乘佛教并不否定人们创造的物质财富，以及人们必要的物质生活。它只是要人们不要迷执于物相，沉溺于物欲。人类创造的财富，归根结底是属于全社会的，对于个人来说终究是身外之物，不仅不可执着贪求，更应发心施舍，还之于社会大众。一个迷执于自我的人，必然把追求个人身心之欲求放在首位，这样他也就把自己封闭于自筑的牢笼中，终日间用尽心计谋略，落得个无穷得失烦恼，而终归于空虚盲然的人生。若能打破我执，视人我诸法平等无二，行慈悲利他之行，则必将体现出自我的真实价值，识得清净本性之自我的本来面目。

我们现代人如能从佛教的不杀生和同情、爱惜一切有情众生之生命的慈悲精神，以及息灭贪、嗔、痴三毒心，消除对物欲的无限追求，积极保护生存环境等思想中学到一些东西的话，我想对改进当今世界面临的严重的生态失衡和环境破坏，当会有所裨益的。

与此同时，实现人类的和睦相处，维护全球的长久安宁，是世界绝大多数人民的共同愿望。自古至今，有多少仁人志士为此理想而奋斗终身，甚至献出生命。当前的世界形势，虽然有不少积极的、趋向缓和的现象，但同时也必须看到，人类社会还存在着大量不稳定的因素，埋伏着各种严重的危机。因此，广泛发动人民去争取和维护世界和平，仍是当前全球仁人志士的迫切而光荣的任务。

在争取世界和平、维护世界和平的事业中，宗教是有着重要作用的。宗教具有广泛的社会影响，当今世界上信仰各种宗教的人占世界总人口的三分之二以上，如果全世界的宗教徒能团结起来争取和平，必将对世界的和平与稳定发挥举足轻重的作用。在所有的宗教中，佛教是最具有和平精神的宗教，这已为人们所共许。所以，传播和发扬佛教的和平精神，对于净化人类的心灵，制止和消除人类的暴力行为，求得个体心灵的和平和群体生存环境的和平，肯定是有积极意义的。

1. 佛教的慈悲精神

佛教被称为慈悲的宗教，在其发展进程中，从“自度”到“度人”，以至发愿有一众生得不到超度誓不成佛，贯穿着一种伟大的慈悲精神。慈悲体现为一种同情和怜爱。按佛教经典本来的解释，慈与悲是分别从两个不同方面来体现佛教的同情和怜爱的，慈是给予快乐，悲是除去痛苦。如《大智度论》卷二十七中说：“大慈与一切众生乐，大悲拔一切众生苦。大慈以喜乐因缘与众生，大悲以离苦因缘与众生。”佛教视世间人生为无尽的苦难，佛陀以拯救求生出此苦海为己任。所以，不少记述佛陀本生的经典中，在描写佛陀降世时的奇异中，于其自言“天上天下，惟我为尊”之后，或有言“此生利益一切人天”(《过去现在因果经》卷一)，或有言“三界皆苦，吾当安之”(《修行本起经》卷上)。总之，佛陀“感伤群生耽惑爱欲，沉流苦海，起慈悲心，欲拔济之。”(《过去现在因果经》卷一)由此可见，佛教慈悲的“拔苦与乐”中，拔苦更为根本。

佛教的慈悲精神，随着大乘佛教的兴起和发展，得到了进一步的发扬，甚至认为是佛教的根本精神。如上引《大智度论》卷二十七中就说：“慈悲是佛道之根本。”而《观无量寿佛经》中也说：“佛心者，大慈悲是。”佛教的这种慈悲精神，不单是对于人间社会，它也遍及于一切有情之生命，乃至所有无情之草木土石。佛教为救助一切有情而不懈努力，是佛教最为推崇的菩萨的利他行。这在一方面，表现为不惜牺牲自己的一切，甚至连头目脑髓都可施舍与人，在另一方面，表现为戒杀和放生。我们在众多的佛教戒律中可以看到，戒杀生总是放在第一条的位子上。

2. 佛教的兼容精神

佛教理论，特别是大乘中观学派的理论，充满着辩证的思维方法，而反对各种片面、独断或绝对的理论和方法。因此，佛教往往在尖锐批评他所反对的理论的同时，注意吸取其中的合理因素，或通过分析比较给予其适当的地位，表现出一种宽厚的兼容精神。关于这一点，我们可以从佛教由印度传播到亚洲各国，并先行在亚洲各国生根、开花、结果的历史中得到深刻的印象。佛教在传入这些国家后，虽然也与该国家的原有民族文化和宗教发生各重矛盾和冲突，但从未发生过用佛教去消灭和替代该国家的原有民族文化和宗教，而是不断地使自己适应该国家民族的文化环境，与该国家的原有民族文化和宗教和平相处。

例如在中国，佛教传入后与中国原有的儒家文化和民族宗教道教也发生过理论和教义方面严重的斗争，但同时也积极吸收了儒家与道教的东西，使自己适应于中国的文化环境，不仅生存了下来，而且得到了极大的发展，以至成为中国文化有机体中不可分割的一个组成部分。隋唐时代，佛教的影响遍及文化领域的各个方面，而与此同时也就开始形成了儒、佛、道并重兼容的格局。宋明清时代的佛教，在其内部则调和各宗派和学派，在外部则在保持自身根本教义的情况下进一步融合儒、道思想。佛教的兼容精神，在中国佛教中得到了充分的发展。

在世界历史上，有相当一部分国家民族之间的暴力冲突是由文化或宗教的矛盾引起的，就是在当今世界，在一些令人不安的地区，宗教性的紧张也还在助长那里的动荡局势。应当说，这是与宗教的根本宗旨相违背的。佛教在其发展和传播的历史中则是以完全和平的方式推进的，它为世界各国家民族间的文化交流树立了良好的榜样。发扬佛教的这种宽厚兼容精神，对争取和维护世界长久和平是有重要积极意义的。

3. 佛教的净化精神

佛教认为，人类的苦难主要来源于自身的贪欲心、嗔怒心和愚痴心，即所谓“三毒”。同时，这“三毒”也是人类身、口、意等一切恶行的根源。按照佛教的说法，贪欲是对名声、财物等己所爱好的东西没有满足的一种精神作用；嗔怒是对不合己意的有情生起憎恨，从而使自己身心不得安宁的一种精神作用。愚痴是指愚昧无知、不明事理的一种精神作用。这些精神作用的扩张，使得人们互相争夺不已，仇恨不已，永远不知解脱人类苦难的真正道路在哪里。佛教教导人们要“勤修戒定慧，息灭贪嗔痴”，就是要人们通过戒定慧的自我修养，去除贪欲心、嗔怒心和愚痴心，净化自己的心灵。而在具体实践上，则是要人们以布施去转化贪欲心，以慈悲去转化嗔怒心，以智慧去转化愚痴心。

佛教净化心灵的教义，在中国佛教中，特别是在中国禅宗的理论中，得到了充分的发展。禅宗认为，佛与众生的差别，仅在于一迷一悟，迷即众生，悟即是佛。而所谓悟的根本内容，就是能“自净其心”。他们认为，“三毒”是魔王，只有用佛教的正见去自己除掉三毒心，才能恢复清净的本性，才是真佛。所以，在禅宗的根本经典《坛经》中，常常可以见到这样的说法，如：“心但无不净，西方去此不远”，“但愿自家修清净，即是西方”，等等。

产生人类社会的争斗、暴力、战争等，其原因是十分复杂的。因此，要消除人类社会的这些丑恶现象，也是须要从许多方面去努力才能奏效的。佛教从净化心灵这一方面来促使人各自摒弃私见私欲，以博大的胸怀，视人类为同胞兄妹，视万物为与我一体，从而去共同维系人类及其生存环境的和谐。应当说，这对于争取世界的持久和平也是具有深远意义的。

儒家“节欲”观的现代意义

欲，是人类生活中一个最基本的问题。儒家在欲的问题上的一个基本立场，就是认为欲不应当无限度地放纵，而要受到一定社会规范的制约。

孔子说，他七十岁以后达到了一种随心所欲而又不违离规范的境界。孔子这里所说的欲的含义是很宽泛的，包括各种生理要求和社会行为。这种个人欲求既能得到自由发挥，同时又能不违离社会规范，显然是对欲有所节制的结果。孔子到七十岁以后才能做到，说明是通过长期自觉地节制欲而培养出来的一种精神境界。这也是以后历代儒学家追求的理想精神境界。

孟子也认为，人们的欲求是受到道德规范制约的，而且应当按一定的道德标准去取舍。如他说，求生是我的欲望，求义也是我的欲望，当二者不能兼得的时候，我将牺牲生命而去求得义。所以，他遵循这样一条原则：不去做那些我不当做的事，不去追求那些我不当追求的东西。孟子还认为，太多的物质欲望甚至会有碍于人们的道德修养，因而提倡“寡欲”。他说，修养心性的方法最好是减少物质欲望。一个人如果欲望不多，那么善性即使有所丧失，也不会很多；他如果欲望很多，那么善性即使有所保存，也只是很少一点。

荀子提出了一套较为详密的“节欲”理论。例如，他在分析“礼”（指社会各种制度、道德规范、礼节仪式等）的起源时，曾这样说：人生下来就有各种欲求，欲求得不到满足，就不能没有追求。人们对欲望的追求如果没有一定的规定和限度，那就不可能不发生争斗。争斗会造成社会的混乱，混乱会使社会陷于困境。古代的圣王，为防止社会陷于混乱，因而制定各种等级制度、道德规范、礼节仪式等，以规定人们的社会地位，调节人们的欲望，满足人们的要求。从而使人们的欲求不至于因为物资的不足而得不到满足，而自然物资也不至于为人们的欲求所用尽。总之，使自然物资和人的欲求相互制约，保持协调地增长，这就是社会等级制度、道德规范、礼节仪式等产生的原因。荀子的分析是相当深刻的，他在此既指出了欲是人类生理本能的一种要求，更说明了它是构成人类社会关系的一个基础部分。同时，又强调了社会各种制度、道德规范等在调节人们的欲望，协调自然物资和人们欲求之间关系中的重要作用。这就是说，人的欲求应得到满足，但也不能任其自流，而要由社会来加以限制和调节。由此也告诉我们，今天世界各国的人民和政府可以而且应当充分发挥社会各种制度、道德规范等的作用，既使人们的合理欲求得到应有的物资满足，同时又积极地保护好自然资源，使其不至于为人们的欲求所破坏。

荀子不同意“寡欲”“去欲”的主张。他认为，欲不是有没有的问题，而是受之于自然的本性。那种认为只有去除人们的欲求才能治理好国家社会的理论，完全是由于他们没有办法来正确引导人们的欲求，而被人们的有所欲求困扰住了。那种认为只有减少人们的欲求才能治理好国家社会的理论，完全是由于他们没有办法来合理节制人们的欲求，而被人们的过多欲求困扰住了。其实，如果人们所追求的欲望是合理的，即使多些，对于国家社会的治理又有什么影响呢？相反，如果人们所追求的欲望是不合理的，即使再少，也会给国家社会带来混乱。于是，他指出，人的欲望虽然不可能完全满足，但可使它近于满足，人的欲望虽然不可以完全去掉，但可加以节制。

同时，荀子又指出，欲虽然受之于自然本性，但在很大程度上要受到人的内心多方面考虑的制约。这样，现实中的欲不再是单纯的自然本性的欲了。这用现代用语来说，现实中的欲是要受到社会发展情况的多方面制约的，而不可能任意发挥的。他举例说：人对于生的欲望是最迫切的，而对于死的厌恶是最强烈的。但是，有人竟放弃生的希望而去死，这并不是不愿意生而愿意死，只是由于考虑到某种情况下是不可以偷生的，而应当去死。因此，对于欲，不是简单地去除和减少的问题，关键是在于，如何按照一个正确的原则来处理欲望。人们如果能掌握这个原则，那么在可能的情况下，欲望将得到最大的满足，而在条件不许可的情况下，欲望将得到有效的节制。

荀子在充分肯定欲的存在的合理性前提下，针对“去欲”说，提出了“道（导）欲”说；针对“寡欲”说，提出了“节欲”说。（按，“寡欲”的反面是“纵欲”，在战国时期也有一些学派着力地鼓吹“纵欲主义”理论，荀子对此也持尖锐的批判态度。他认为，“纵欲”会使人在道德上堕落，成为物欲的奴隶，以致损害自己的寿命，所以他又有“养欲”的说法。）人的欲求既不能“无”和“去”，也不应“寡”和“纵”，那么唯一可行的就是“导”“节”和“养”了。所以我认为，荀子的“道（导）欲”说、“节欲”说和“养欲”妙说，不仅在历史上是一种正确调节人类欲求的理论，即使在当今世界，也仍然有着它的重要的现实意义。

荀子也曾经从经济的角度来分析和阐明“节欲”的必要性。他说，吃想吃鸡鸭鱼肉，穿想穿绫罗绸缎，行想有车马代步，此外还想有大量的财富积蓄，永远也没有满足的时候，这就是人的真实本性。然而，在现实生活中，人们虽然养了鸡鸭猪狗，又养牛羊，但在吃的时候也不敢又是酒又是肉的；虽然有积蓄的钱财、粮食，但在穿的时候也不敢全身丝绸，行的时候也不敢出入车马。这并不是人们从本性中就不想得到这些，而是由于从长远考虑，顾及以后，怕一旦接济不上。因此，人们采取节约消费和节制欲望（“节用御欲”）的办法来积累财物，作为接济日后的需要。荀子批评那些目光短浅的人，只图眼前不顾以后，无限度地挥霍浪费，那么用不了多久，财物就会耗费殆尽，他也就免不了冻饿而死。荀子在经济理论上强调节约消费，而同时又强调积极发展生产，使人们过上宽裕的生活。这也就是他所向往的理想社会。

宋明理学家十分注重“天理”与“人欲”的分别。所谓“天理”，是指自然的、普遍的、公共的准则或道理；所谓“人欲”，是指一己的私欲。如，以吃为例，朱熹曾分析说：人必须吃东西才能维持生命，这种属于生理需要的吃是“天理”；然而追求好吃的东西，为了满足个人口腹的欲望，那就是“人欲”了。理学家们把欲归为一己的私欲，并把它与恶联系在一起，因此在总的倾向上是排斥欲的。如北宋著名思想家周敦颐，积极提倡“无欲”说。他认为，孟子提倡“寡欲”还不够，而应当寡而至于无，才可以达到“圣人”的境界。周敦颐的“无欲”说，有明显的道家思想的影响。又如理学的主要创立人之一的程颐认为，人所有的不善行为，都是欲的诱惑或过分欲求的结果。因此，必须遏止人的欲望，使人寡欲，才不至于做出违背“天理”的事来。发展到了理学的集大成者朱熹那里，则把“天理”“人欲”的对立推到了绝对的、互不相容的地步。如他说：在一个人的心中，保存着“天理”，“人欲”就会消亡，相反“人欲”如果旺盛，那么“天理”就会消亡。“天理”和“人欲”是不可能混杂在一处的。因此，他大声疾呼要彻底消灭“人欲”，完全恢复“天理”。

由于程朱等理学家过分夸大了“人欲”的可恶和可怕，过分强调压制和消灭“人欲”，表现出了禁欲主义的倾向。应当说，程朱理学家并不是完全反对欲，只是他们把那些最基本的、合理的欲归到天理中去了。但是，他们把人的欲求限制到了最低的生理需要的程度，也确实有某种禁欲主义的倾向，因而遭到了当时和以后许多思想家的反对和批评。例如，与朱熹同时的，以提倡心学而著名的陆九渊，他就不同意朱熹等把“天理”和“人欲”截然对立起来的观点。他认为，这种说法把天与人分割开来，是一种极有害的说法。明末清初大思想家王夫之也不同意把“天理”和“人欲”截然对立起来。他认为，离开人欲也就无所谓天理，每个人的欲望得到合理的满足，也就是天理的全体了。但是，他并不主张纵欲，特别是放纵“私欲”，而主张发扬“公欲”（合理的欲望），去除私欲，以至于彻底干净。

程朱学派的后学，对于程朱在理欲问题上的一些偏激说法，多少有所纠正。如明代著名程朱派学者罗钦顺，对其前辈不无批评地说，人的欲望是天性所有，既不是个人所能去掉的，也有其不可改变的必然理由。只要是合乎必然的欲望，就不可能是不善的，只有那种任意放纵欲望而不知节制的，才会发展为恶。前辈学者都说要去除人欲、遏制人欲，他们的出发点固然是为了防止人们堕落为恶，因而不得不严格防范，但是强调得有些过分了。人的欲与喜怒哀乐，都是本性中所具有的，怎么能去掉呢?

清代著名思想家戴震与王夫之一样，反对把“天理”和“人欲”对立起来，而认为理就存在于欲中。他一方面对道家、佛教以及周敦颐等的“无欲”说进行了尖锐的批评，另一方面也坚决反对纵欲。他认为，人的欲望如不加注意，是很容易失去控制而泛滥起来，从而影响人的道德行为。因此，他主张人们应当以正确的原则来规范欲望，像大禹治水那样来疏导欲望，而不是简单的防御和遏制。特别值得一说的是，戴震直接把“天理”与“节欲”说联系了起来。他明确地说：所谓天理，就是要节制人的欲望而不至于无限度地放纵欲望。所以说，欲望只是不应当无限度地放纵，而不是不应当有。有欲望而能节制它，使欲望既不超过它应有的限度，又不是达不到它应有的满足，这难道能说它不是天理吗？可以说都是与荀子的“节欲”说、“导欲”说前后相呼应的。

人类欲求的无限度追求，从大处说破坏了整个自然界的生态平衡，恶化了人类生活的自然环境，从小处说也直接影响到个人生理和心理的健康成长。此外，无可讳言，当今世界和社会上有许多国与国之间、人与人之间的争斗和不安定，也是与无限度地追求私欲的满足有着密切的关系。我们不是禁欲主义者，但也反对纵欲主义。我们需要一个美好的生活环境，一副健康的身心。为此，我们今天很有必要大力宣传一下儒家丰富的“节欲”“导欲”“养欲”理论，用它来认真地合理地规范一下现实中的人类生活的欲求，让人类从那无尽欲求的桎梏中摆脱出来，把当今人类生活的格调和情趣升华到一个新的境界。

禅与生命体悟

人们往往觉得禅是很神秘的，其实禅是最朴实最贴近生活的，是和我们的生命联系最紧密的，所以，为了搞清楚这样一个问题，我要首先对禅的变化发展情况作简单的介绍。

禅的内涵与历史

我们现在常常讲到禅，禅其实是个外来的概念，是从印度传过来的。在印度古代是各种宗教的修行方法，如果从意义上翻译这个词的意思，可以翻译为“思维修”，就是思维的修炼，也有的把它翻译成“冥想”，它的方法就是让你的思想专一，专注于一境，所以也可以翻译成“定”，就是我们常说的“禅定”。其实禅是音译，定是意译，“禅定”就是把音译和意译结合在一起的一个词。在印度古代，宗教家们认为，通过这样一种思维修的禅修方法，能够产生智慧，也能够产生各种各样的神通。

在印度，这种神通就有许多，如天眼通、神足通、他心通，等等。同时，禅也会让你产生一种智慧，产生一种慈悲心。所以古代的宗教家都把禅修当作一个最基本的修行方法。佛教发展起来以后，也继承这样一种禅修的方法，而且，把它的内容逐渐充实发展起来，常常把禅和智慧联系起来。通过坐禅来启发人的智慧，让人了悟人生。

勤修戒定慧，息灭贪嗔痴

我们知道佛教有三个最基本的学习和修行方法，称作为“三学”，哪“三学”呢？就是戒、定、慧。戒就指各种各样的戒律，就是用来进行自我约束的，就是你要自觉地遵守这些戒律，约束自己各种各样的欲望。因为在佛教看来，人生是充满了苦和烦恼的，而这些苦和烦恼就来源于人有三种心：贪、嗔、痴——贪欲心、嗔恚心、愚痴心。佛教就用“三学”来对治这“三心”，戒是来对治贪心的。贪一般来讲，都是生理上的欲求，正如我们所看，基本的戒律就是“五戒”，都是用来限制生理上的欲求的，比如不饮酒，不偷盗等。那么定呢，是来对治嗔，定也可以说就是禅，所谓嗔恚就是一种心理不平衡，比如忌妒，看到别人比自己强，就起忌妒心，满嘴牢骚，这个时候，就拿定来集中这个人的注意力，不让他去胡思乱想，不要和人家去攀比，慢慢静下来，专心地去考虑怎样使自己从这里解脱出来，所以用定来去除嗔恚心。慧呢，在佛教就是一种智慧，这种智慧就是来对治愚痴心的。愚痴心是讲这个人很愚蠢，但不是我们通常所认为的那种愚蠢，而是一种无明，不是愚笨，这个人可能是非常聪明的，但却往往会聪明反被聪明误。有了这种愚痴，他就有一种颠倒心，任何事都要分成你的我的，分得很清楚，然后就是争执。或者我们来讲，就是一种认死理的，钻牛角尖的，这些都叫作愚痴，所以并不指人很笨。佛教所讲的智慧，就是要去除这种分别心，或者说去除这种偏执，让人明白这个世界是一个整体的世界，什么事情都是联系在一起的，是不能够简单地对立起来的。所以佛教是用这三种学问来对治这三种心。

在这“三学”里面，戒是基础，禅定是关键，因为前面讲了，禅的修行方法就是要让你认识世界，认识社会，认识自我，然后就能“发慧”了。所以从佛教发展起来以后，把禅这种修行方法引入，成为原始佛教和部派佛教修证解脱的主要修行方法。而且一直到佛教发展到大乘佛教以后，禅也还是大乘佛教求证佛道的一个很主要的方法，因为大乘佛教讲六度，或者说叫六波罗蜜，禅就是其中一个主要部分。禅有许多修行的方法，我们常说坐禅，或者称打禅。去有些寺庙还是有坐禅的，它有一个打禅七，就是坐七天禅，大家可以去体验一下。很多东西我们去体验了才知道是怎么回事。禅也不能随便乱坐，坐禅有许多具体的方法，就像练气功一样，如果没有很好的引导的话，会出岔子。冥想没有很好的引导变成了幻想，最后变成幻觉，可能就要出问题了。包括出家人，也有因为坐禅出问题变成神经病的。我们平时简单的静坐是可以的，真要是去体会一下禅的境界，禅的喜悦，即佛教里讲的禅悦，那一定要有非常正确的引导。还有些是一步一步的。到了哪一层就可以体会到哪一层的情况，而且在这一过程中，确实会出现生理上的、心理上的变化，这些都是不稀奇的，所以要正确地对待它。中国近代有一个怪人，叫杨度，这个人很有意思，他很有学问，是一个保皇党，跟康有为一起辅佐袁世凯。保皇失败以后，他就跑到天津闭门学佛，学佛深有体会。他在坐禅的过程中有很多自己内心的体会和外在的表现，他都写下来了。他说坐禅不是去刻意追求这些拿现在话讲叫特异功能，而是要更好地领会禅的根本精神。他领会的佛教的根本精神就是无我，所以他最后提出要建立一个无我法门。他后来从佛教中走出来以后参加了中国共产党。他走进佛教又从中走出来，是一个很奇怪的人。所以禅本来是这样一个东西。

禅宗的出现与流行

现在我们所讲的禅是和宗派禅宗联系在一起的。禅本来就是古代宗教修行的一个方法，只不过在不同的宗教，具体的方法可能不一样。就拿现在来讲，佛教里面显教的坐禅方法跟密教的就不同。那么怎么会成为中国的禅宗，它是不是仅是以坐禅为特征呢？其实并非如此。禅跟坐禅是有关系的，但禅宗之所以能称作一个宗，它已经不是一个普遍的禅修方法。它已经在某种程度上摆脱了禅的外在形式，而去着重把握禅内在的精神，所以禅宗自称自己是最上乘禅。在禅宗祖师里，根据修行者所达到的不同的状况，或者不同的程度，已经把禅分成几个层次。在这里面，唐代的著名哲学家宗密，对禅作了分类，一共分成五种。第一种是外道禅，所谓外道就是不属于佛教里的。第二种是凡夫禅，一般的人，也不是外道，没有外道的信仰，就是普通人。第三种就是小乘禅，是指佛教里的。我们现在不常用这一概念了，因为小乘带有贬义，乘是一种运载的工具，大乘指的是我有这么大的一个空间把大家救度到彼岸去，而小乘只能把自己度过去。被大乘称作小乘的实际上指的是那些部派的佛教。佛教创立一百多年以后，内部有了不同意见，于是发生分裂。分裂成二十个部派，部派之前，我们称原始佛教，分裂之后就称部派佛教。部派佛教里面随着历史发展，一部分发展成大乘，还有一部分慢慢被淘汰了，还有一些现在东南亚地区和我国傣族地区还在流传着。我们称它们为南传佛教，而不用小乘这个概念去称呼。第四种是大乘禅，大乘禅基本上符合大乘佛法的观念，但是仅达到大乘也不行，因为其中有不同的理解，它认为到了悟到了自心本来清净，原来就没有任何烦恼的，而且自身本来就有无漏之心。佛教里无漏是和有漏相对的，有漏可以解释成有很多漏洞，有很多漏洞就有很多麻烦和烦恼，无漏就是没有漏洞，很圆满了，也就没有烦恼了。这种无漏之心本来就自足的，而且认识到，我心即佛，终身和佛法没有差异，只有到了这样的程度才是彻底的大乘的思想，也就是第五种最上乘禅。所以禅宗称自己是最上乘禅，比一般的大乘还要高一步。

那么，最上乘禅的核心是什么呢？就是要把握大乘佛法一切皆空的道理。佛教最根本的教义可概括为两个字，一个是苦，一个是空。佛教就建立在一切皆苦这样一个基础之上，也就是说，它体悟到人生和世界的有情，就是有生命的，一切有情的众生都是苦。释迦牟尼当时出家就是因为看到了人都有生、老、病、死这许多苦，所以他感觉到人一生就在苦之中，苦可以看作他的一个根本出发点，佛教就是要解决苦的问题。那么苦是怎么来的，空就是针对这一点的。苦就是来源于本来一切皆空，而你把它看成是实的；本来一切都是虚幻的，可你都把它当成实实在在的，这些就是苦的根本来源。空就是来分析人怎么会产生这样颠倒的认识，对这个问题，佛教也不是一下子就把它发展得很完备。在原始佛教，包括到部派佛教的时候，人们对于空的认识还只是局部的。刚才讲了，人为什么会苦呢？就是因为人把许多虚幻的不实的东西看实，而且去执着地追求，既然这样，现在我们通过修行的办法把我们认为实的东西看空了，这样我就不会去追求它，就不会有欲望了。原始佛教追求的是这种离欲的解脱，因为一切都来源于欲求，而解脱以后所达到的果位就是我们现在常讲到的阿罗汉，或者简单叫罗汉。我们到庙里都可以看到，有的是十八罗汉，有的是十六罗汉，还有五百个罗汉，这些罗汉就是断除了种种欲求的人。所以我们可以看出，这是断除对物的欲求的一种认识，也就是从主体上去空掉它，而外在的现象究竟是真实的还是虚幻的，在原始佛教没有很慎重地来看它。这个问题到大乘佛教就提出来了，大乘佛教的一切皆空包括所有一切外在的现象，它不仅是我们所讲的物质现象，也包括精神现象，乃至所有理论学说，包括佛法在内，也都是空的。佛教里有一个概念叫作法，法有多层的含义，一个很重要的含义就是指一切现象，物质、精神、理论学说都包括在内，包括我们宗教所设定的那些终极目标——彼岸世界在内。法的含义是非常广泛的，我们在原始佛教是讲人空法不空。

缘起性空——佛教的根本理论

佛教的一个根本理论讲空，为什么空呢？最重要的就是它的因缘理论，或者缘起理论。缘起理论简单地讲，就是认为，一切事物都不是孤立存在的，都是有各种各样的条件聚合一起才有这个事物的。比如说，佛家常常举的例子，一个花瓶，就有几种因缘聚合在一起才得以成立。它是由水、泥和工匠等因缘聚合而成的。任何一个事物都是由各种条件组合而成的，这些条件就称之为因或缘，因和缘也分作不同的层次，有主要的，一般来讲，最主要的我们就称其为因，其他的就是所谓的缘了。既然一切事物都是由因缘所合成的，那么聚这个事物就存在，散了就不存在了。根据这样来推理呢，一切事物就没有一个恒常的独立的本性，佛家讲没有自性。我们常会听说，佛教有三法印之说，印就是印记，三法印就是佛教的三个标志，这三个标志就是诸行无常、诸法无我、涅槃寂静。前面两个讲一切法都是空的问题，后面讲的是佛教所追求的涅槃的境界。诸行无常、诸法无我的意思就是一切事物都是由因缘聚合而成的，因此它没有一个独立的自性，这就叫作无我。而因缘有聚就有散，它不可能永远聚合在一起，因此是无常的，所以通过无我、无自性和无恒常性来说明一切事物实际上都是不可能永恒存在的，这就是空的问题。另外来讲，你可以去认识一个事物，但客观事物是不是真的如此，大因缘由小因缘合成，小因缘又由小小因缘合成，所以当因缘分到极微的时候无法再分了，最后还得承认极微的单位是真实的。因此说，这就是原始佛教和部派佛教的因缘理论没能完全解决的一个问题。

到了大乘佛教，这个问题有了进一步发展。既然我们说一切事物之所以是无自性和无恒常性，就是因为它是由因缘聚合成的，是有聚有散的，那么我们就没有必要纠缠于什么极微的问题。大乘佛教提出了“因缘所生法，我说就是空”这样的说法。凡是因缘所生成的法就是空，为什么这样讲呢？因为大乘佛教的思想就认为空不是无，空并不是什么都没有，我们现在一讲空就说什么都没有，这是一种误解。佛教讲的空是指一切现象的无自性、无恒常性，而并不否认它暂存的假象，或者说幻象。所以佛教讲空的时候，不是指什么都没有，大家还是一个个活生生的年轻人。但是我们要看到，每个人有生必有死，这是一个自然规律，年轻人要变成年老人。我 1955 年进北大的时候也和你们一样，现在已经垂垂老矣。人都有这样的变化，佛教承认这样的现象，每个人都是无常的，总有一天要离开这个世界，总有一天所有的肉体都要散掉的。所以空不是让我们不去认真对待，不是这样。大乘佛教对因缘的理论强调要把握根本的精神，并不是去分析空。分析空所带来的问题就是到最后最小的微粒怎么办。我讲的这个空是当体空，就是看到这个事物是不恒常的，是没有独立自性的。既然是这样，我们不能太执着了，所以大乘佛教就是人空法也空。而且这个法空里包括一个很重要的内容，就是佛教所提倡的种种最后的境界也同样是空。这里边有两个非常重要的内容，一个就是色即是空，看过《红楼梦》都知道里面讲的色不离空，空不离色；色即是空，空即是色。这是《般若波罗蜜多心经》里的话。这些话就告诉我们，我们所谓的空就在当下的种种色里面，而色就是各种各样的现象，没有离开色的空，而色呢，它的本然是空的，这就是大乘佛教讲空的最重要的一个方面。

色空是这样的关系，其他所有对立的东西也都是同样的道理。我们说做人真烦恼啊，真苦啊，我去找一个清净的地方吧。在佛教看来，你要离开现在的烦恼去找一个清净的地方，其结果并没有太大的出入。你无非是从这个牢笼里钻出来跳到那个牢笼里去，既然不能执着于烦恼，同样也不能够执着于清净。大乘佛教就讲烦恼即菩提，生死即涅槃。这种分别见解是世俗的认识难以避免的，我们要躲避烦恼去找清净的地方，否则我为什么要学佛呢？不就是要达到这样的境界吗？在平常人心里，总是把这两样东西分开来看，这个地方是个脏地方，那个地方是个干净的地方，其实佛教告诉我们，所有的这些事情都是相对的，佛教用语就是清净和染污。我们常说自己生活在一个污浊的空间，要去找一个清净的地方。其实离开现实的环境是无法办到的。佛教常常打一个比喻就是，我的一件衣服脏了，怎么办呢，就洗吧，洗干净是不是就干净了呢，佛家认为脏的洗掉的话，干净也就不存在了。所以一切东西都是相对的。我们要把握大乘佛教一切皆空的根本精神，需要破除我们对一切现象的执着，不管是现实的还是理想世界的执着。不要执着它，这些都只是暂时的，都是无自性的。佛教的智慧就是要破除执着心和分别心。

这样的观念说起来是很违背我们常识性认识的。因为我们都知道，正常的人要认识一个事物，要在分别比较的情况下才可以。这是一种正常的认识，不管怎么样，我们一开口就是在分别比较。当我们讲这个东西很甜，是在和酸的、咸的东西比；我说那个是辣的，也是在分别中间才可以判断的，对于一般人来讲，这是很正常的现象。佛教就看到正是这样一个正常的认识让人有了分别心，这个东西是我的就想占有，不是我的很想要它，想办法要得到它。所以佛教常常讲，一切的执着来源于有我，因为有我才有他，那么我的就要想办法保护起来，他的就要想方设法弄到我这边来，因此就有了贪、嗔、痴。当你能够认识到，一样东西，你的也好，我的也好，都是没有恒常性的。这个时候争又有什么意义呢。所以空的理论就是要破除分别心和执着心。这就是我所讲的最上乘禅的一个核心了。最上乘禅表现出的特征就是注重于内在精神的把握和修证，而不拘于禅的各种外在形式，所以禅宗发展起来就是不拘泥于一定要在什么时候坐禅，坐禅一定要采取什么样的形式。禅宗实际上强调把禅的精神体现到时时、处处、事事中间去。禅宗里有这样一句话，唐代六祖慧能的一个叫永嘉玄觉的弟子说过，“行亦禅，坐亦禅，语默动静体安然”。禅本来是要静坐的，禅宗就破除这些外在的形式，而体现在一切地方、一切时间、一切事情上面。禅宗里还有一位很重要的祖师叫作马祖道一。他有一个大弟子叫大珠慧海，他也讲过这样的话，他说：“行住坐卧并是汝性用。”所谓性就是你的本性，清净的本性，他说，“什么处与道不相应”啊，也就是说处处都与道相应，只是你没感觉到。所以说禅宗破除了这种外在的相，而强调去领会和把握禅的根本的精神。这就是禅宗对禅的发展。它不是用传统的禅的形式去规范的，也就不是一种所有佛教统一使用的修行方法，因此禅宗才是一个独立的宗派。那么，禅的本质应该说是实践的而不是单纯理论的，传统的禅是如此，最上乘禅也是如此。不是理论上的探讨，也不是拿来说的东西，关键就是要实践。

体悟生命

禅宗的最上乘禅的中心，就是体悟生命。所谓体悟生命，就是来认同生命的意义和价值。如果想学禅，学过而没体悟到生命，那这不过是口头上的禅，只是文字上的禅，这样的禅对我们没什么帮助。怎么样来体悟生命呢？其实生命也可以分成不同的层次，有肉体、生理上的生命，也有精神上的生命，而精神上的生命又可以分成心理层面的和理智层面的。这实际上也就是与我刚才讲到的贪、嗔、痴三者，是联系在一起的。禅宗告诉我们，体悟生命首先是要认识到生命的苦。生命之苦，一个是“三毒攻心”，刚才讲贪、嗔、痴；一个是“八苦缠绕”。人的生命就是这样的，每个人都避免不了，大家都是凡夫俗子，没有谁没有这些念头的。我们可以看到，随着我们社会的发展，“三毒”是减少了还是增加了呢？这是很大的问题。过去我们说这个人太贪心，常常还在于个人，有些时候自己做主的权利范围还大一些。而现在自己做主的范围越来越小了，整个社会压迫着你。在这样一个竞争的社会，种种的压力使现在的“三毒攻心”防不胜防。当然我们不能推卸自己的责任，但是很多外在的东西对人的腐蚀，对人的影响有的时候不是个人所能完全抵御的。当然也不是绝对不能，如果你很清醒，完全放下利害的话，还是可以做到的，但这是需要相当大的定力和毅力。我豁出去了，没饭吃就饿着吧，这其实是很难做到的。在很多情况下，我认为“三毒”里面最容易克服的是贪，但是现在贪官污吏却又多得满天下。嗔就比较难了，心理上的东西，而且现实中很多东西在那里让你放不下这种嗔恚心。比如说，我们一天到晚排名次，这人比赛第一，那人成绩最好，就不得不让你去跟人家比。这是现在年轻人相当痛苦的一件事情。其实一个人在这样的环境下，我认为是不能得到健康发展的。人人都有自己的长处，不能朝一个标准看齐。过去中国有句老话，“三百六十行，行行出状元”，事实就是如此，而我们现在的情况是三百六十行，就盯这一行，这就麻烦了。有很多人由于这样所造成的不平衡，精神失常，这个问题很严重。我也很痛心，看到很多年轻人本来是非常淳朴的，但是很多的压力让他透不过气来。痴，也越来越严重，我们现在一切讲科学，科学就要分辨，就要分析，就要打破砂锅问到底。但我们不知道，世界上有很多东西是打不破砂锅也问不到底的，有很多东西是我们不知道何时才能知道的，还有很多东西可能是我们永远无法了解的。更重要的是，随着我们对客观世界的认识越深入，我们未知的东西也就越多。所以我常常讲，我们要有科学的精神，还必须要有人文的开导。

2003 年 6 月，国家宗教局召开了一个座谈会，讨论关于宗教长期性的问题，因为我们在很长时间认为宗教大概很快就会消亡的。科学发达了，我们能够掌握自然规律了，我们都可以上天了，我们可以掌握自己的命运，我们自由无压迫。过去就是这样的认识，我们且不说这些，从哲学道理上来讲，有几个问题是永远解决不了的。第一个，人认识的有限性和世界的无限性的矛盾是永远解决不了的，这是哲学最根本的道理。如果说，无限的世界都被人认识完了，这个世界也就不存在了。正因为这个无穷的世界永远在发展变化，我们只可能去不断接近它，而不可能穷尽它。既然这样，我们就永远会有不可知的地方，人们就会有疑问，这些疑问就可能导向宗教迷信或者说信仰。另外从哲学上讲，还有偶然性和必然性的关系，偶然性是永远排除不掉的，因为所有的必然都是通过偶然实现的，反过来，偶然中也有必然，这是哲学讲的最普通的道理。既然有偶然的存在，我们从道理上讲偶然是很容易的，但是当偶然轮到自己的头上就想不通了。两个人一起走，为什么这块砖头偏偏掉在我的脑袋上，不掉在他的脑袋上呢？有很多问题仅靠科学是证明不了的，既然偶然性永远存在，人们对偶然性的困惑就可能导致宗教信仰。因为这些东西光靠科学证明是远远不够的。要想讲清楚，不知道要费多少周折。而且，一块砖头为什么掉在你的脑袋上，是不是真需要这样去费功夫呢？费功夫得来的结果是不是真的有道理呢？也还很难说的。所以说，只认为科学证明就行了，这个思路我觉得是有问题的。所以，我在那个会上提出，我们是不是应该换一种思维方式，应该多一点人文的开导。

什么叫人文的开导？就是我们有一个非常开阔的胸襟，不要去计较这些非常细小的问题。对于认识论的问题，也要认识到，这就是一个客观事实，我们没有必要钻到牛角尖里去。中国古人有很多这样的教导，《庄子》就有“吾生也有涯，而知也无涯，以有涯随无涯，殆已”。我们的生命是有限的，而认知是无限的，以有限的生命去追寻无限的知识是要出问题的。孔子也讲过：“知之为知之，不知为不知，是知也。”这不是一个简单的谦虚的问题，其实也说明了有些东西我们是不能知道的。我们不要勉强“以不知为知”，以不知为知不是说不知道的以为明白了，而是说，我们是不可以尽知一切事物的。有些事情我们现在还不知道，将来也可能不会知道。《庄子》里有这样一句话：“六合之外，圣人存而不论；六合之内，论而不议。”六合指天地四方，这其中的事物我们可以说说，但没有必要去议论。禅宗之所以能在中国发展起来，也就是因为它跟中国传统精神有契合点。《荀子》一书里讲过这样的话，人们求学问，并不是为了自己怎样通达。其实人在顺利的时候是很简单的，但当碰到挫折坎坷的时候往往会不知所措。荀子讲，人的才不才是自己的问题，而遇不遇是个时的问题，就是机遇的问题。有才能的人没有好的机遇，古往今来多的是。所以很多怀才不遇的人就会有很多牢骚，就会怨天尤人。这样实际上在佛教看来就是在自寻烦恼，所以我们准备我们的才能，同时还要等待时机，再去把握时机还要创造时机。有人说，时机不是自己所能创造的，这就是个偶然性问题了，但从哲学上讲，偶然性里有必然性，所以很多机遇是可以由自己来创造。我常常举一个很简单的例子，同样两个人给领导当助手，一个人领导交给他事情，他总会认认真真去做好，另外一个人，他要么觉得事小，觉得自己大材小用，常凑合凑合混过去。我说，如果你作为一个领导，这两个人喜欢哪一个？很多人说，当然是第一个人了。这样说来，第一个人实际上就是给自己创造了一个机会，下一次领导有事肯定首先考虑他。因为他认真负责。经过长期的工作，他就积累了工作经验，增长了才能，他是不是给自己创造了机会？我们是要看到才和时的问题。我站在讲台上，大家可能觉得有些了不起，这其实也是一个机遇，有很多比我造诣深的人没有这个机会。要认识到这一点，有这样的机会，要把握机会充分发挥才能，没有机会不要埋怨，要积累才能，等待并创造机会。所以我觉得三毒对我们现代人更有危害，很多时候我们需要人文的开导。再说得简单一点，和科学精神相对的，就是需要马马虎虎一点。该认真的就认真，不该认真就不要钻牛角尖。一个人不能老是绷得太紧，“文武之道，一张一弛”。人文的精神就是看问题要看得全面一些，看得开一些，我现在还没有遇到机会，我就耐心等待；我现在还不能理解这个事情，那么等待将来。事事争第一不见得就是好事，把事情做好才是最重要的。宗教和儒家的道理常会让我们清醒舒缓一下，什么东西都把它看得那么实，那么执着，好像天下离了自己就不行了。

没这回事，离了任何人地球也照样转，当然我不是让大家随随便便，消极厌世，只是说每个人都不要把自己放在不可或缺的位置，不要试图把自己放在一个主导的地位。缺了我也行，我做别人的助手也可以。

另外，生命的苦还来源于“八苦”，生老病死就是“四苦”，生死一直是困扰人的一个大问题，因为人的脑子太发达了，会思考这个问题，生死本是自然现象，可人就会想了。为什么把宗教看作一种临终的关怀呢，讲死实际包含生，没生又哪来死呢，所以临终关怀不能只关怀死。老病也是个问题，老了会给自己和家人、社会带来很多麻烦，健康最幸福。现在很多同学看到天下雨下雪对我说，老师您就别来了。我说，不行啊，能活动就是幸福，你们不要剥夺我这个幸福。今天我还能来讲就是我的幸福，我能让大家感到幸福就更是我的幸福了。除了这四个跟生理有关系的“四苦”，还有就是和精神有关的“四苦”，爱别离苦，亲爱的人之间难舍难分；怨憎会苦，两个怨家碰头也会觉得苦，说话好还是不说好呢，吵一架好还是打一架好啊，都有苦；求不得苦，想要得到的东西得不到心里烦恼；还有，五蕴炽盛苦。五蕴是佛教用语，就是指色、受、想、行、识。在佛教看来，一切生命体都是五个方面组成的，色是属于物质方面，受、想、行、识都是指精神方面。从感觉、直觉一直到理智都是精神层面。所谓炽盛，就是追求很多，这八个方面可以说是一天到晚围绕着我们，每一个有情众生都逃脱不了。也可能把后面四个抛弃掉，前面四个还是逃不了。实际上，后面四个，凡是有感情的人也是逃不掉的。所以人在佛教看来就是苦，那么学佛之人首先就要认识这个苦，然后再寻求生命的真谛。

生命的真谛

生命的真谛究竟是什么？这个也可以说是禅宗里面核心的问题。我们看禅宗祖师的语录经常在讨论这个问题，人的本来面目是什么？传说六祖慧能从他的老师弘忍那里得到真传，连夜就离开，因为得到了师父的法，师兄弟们要忌妒你，跟你争，所以慧能连夜就离开了。第二天一早，弘忍的弟子们知道了就去追，其中一个和尚追到了慧能，慧能说，你是不是想要我的袈裟和钵？给你吧。他说我不要，我就想得到师父传给你的佛法。慧能就问了他一个问题：不思善，不思恶，哪一个是明上座的本来面目？这个“本来面目”就是禅宗要追寻的一个东西。那么，何谓“本来面目”呢？就是人的本性，就是让你认识真正的自我。什么才是你真正的自我，生命的真谛究竟在什么地方？人们常常认为，“本来面目”就是清净的本性。我们知道，禅宗里记载着，慧能得法的一个偈：“菩提本无树，明镜亦非台。本来无一物，何处惹尘埃。”最初，版本上记载的是：“佛性常清净，何处有尘埃。”佛性实际上就是指人的清净自性，后来流传的版本就改成了“本来无一物”，更简单。如果光从字面上看，会产生一个误会，就是什么都没有，意思是对的，但是如果一般人不太了解，就会理解成什么都没有，“佛性常清净”是讲他的本性原是清净的，所谓清净实际上就是空。在佛经里面，这个问题讲的是很清楚的。那么既然是空，为什么还要讲清净呢？《般若经》中就说到这个问题。他说，一般人一说到空啊，就害怕，空了就什么都没有了。其实，清净也好，空也好，绝不能把它看成什么都没有，因为佛教，尤其是大乘佛教讲的就是性空幻有。空是从本性来讲的，或者说，是从本质上来讲的；有的是从现象上讲的，则称之为幻。所以，空不离有，有不离空。离有无空，离空也不成其为有。

我想每个生命体都是如此，毫无例外。不要以为，狼、狗、狮子、豹是这样，人也一样。你来到这个世界带来什么？离开这个世界又能带走什么？什么也带不走。既然如此，我们现在所有的一切都是社会给我们的，所以佛教就强调这一点，既然你什么都不能带来，什么都不能带走，我们的所有都是天地、父母、师长给予的，那么这些东西不是都应该还给社会吗？这就叫“报恩”。中国传统思想里也是这样，荀子讲，礼有三本：天地者，生之本也，一切生命都来源于天地；先祖者，类之本也，我们的族类是祖先传下来的；君师者，治之本也。荀子的时代，当然看重君主和老师，说他们是整个社会能够得到和谐的根本。所以过去中国都要供一个牌位，“天、地、君、亲、师”。为什么要供啊，因为这是本。生之本，类之本，治之本。佛教也一样讲有情众生要回报天地、父母、同胞、社会等。所以大乘佛法认为，最有意义的生命是慈悲济世。很多佛典中部讲，“如来圣教，慈悲为本”。如来就指佛教的释迦牟尼，一切佛法以慈悲心养育民物，以慈悲水灌溉众生，所以大乘佛教是把慈悲放在第一位的。慈悲分开来讲，慈是给众生以快乐，悲是拔众生于苦难。合在一起就是救度众生。大乘佛法的根本精神也可以用两个字来概括，一个智，一个悲；或者连在一起叫作悲智。悲智合起来讲就是一个慈悲的问题，分开来讲，智是讲自我觉悟的问题，可以叫作自觉；悲是来救度别人的问题，所以叫作觉他。悲智这两个字体现的观念就是“自觉觉人，自度度他”。用现代话来诠释一下。河北赵县柏林寺搞了一个生活禅夏令营。生活禅夏令营有一个口号，我是很赞成的，就是“觉悟人生，奉献人生”。“觉悟人生”就是智，因为有智慧才能觉悟，没有智慧的人永远是迷，在迷的中间就是“三毒攻心”了。“奉献人生”就是利他，为众生去服务，这是禅对生命的意义的认识。

另外一点要特别指出的是，禅宗特别强调对生命的认识不能停留在虚无缥缈的地方，不能永远沉浸于幻想中间。禅宗是非常注重现实的，或者用禅宗的话来讲叫作“当下”。我们的生命要有意义。只能够在当下体现出来，因此要活在当下，既然要活在当下，修也要修在当下，悟也要悟在当下。就像戒烟的人总想，明天不抽吧，明天抽完了，再等明天吧，这样永远没有当下，也就永远戒不了烟。所以说，禅宗特别强调当下，人要活在当下，生命要体现在当下。当下讲究的就非常实际了，平凡无奇。所以很多人想问我该怎么学禅啊，那就是你该做什么做什么。对于有些人想求得一个心目中的某样的东西，对于他们来讲，这种当下的修炼是修而无修啊，也是悟而无悟的。只要是能体会到其中的真味，就会知道，原来禅就是那么简单，禅就是不需要离开我们的当下，因为离开了当下，实际上就什么也得不到。慧能在《坛经》里面多处这样讲，“菩提只向心觅，何劳向外求玄”；“佛法在世间，不离世间觉，离世觅菩提，恰如求兔角”。兔子哪来什么角啊，就是说，离开当下是求不到的。近代著名高僧太虚的偈子“仰止唯佛陀，完成在人格。人成即佛成，是名真现实。”体悟生命，就要从当下做起，不要离开现实。

做本分事，持平常心，成自在人

最后，我送给大家三句话，是“学禅三要”。第一句，做本分事。这里的“本分”不是指不胡作非为，而是说应当该做什么就做什么。再美的理想，如果不从本分事做起，也是无法达到的。想得太多而不从当下落实，则是在浪费生命。所以，我们应该培养自己的坚定性、毅力，去掉虚荣心。

第二句话，持平常心。这句话现在人们经常在讲。没有平常心的话，我们无论对什么事情都思前想后，百般思索，千般考虑。曾有位禅师问慧海，你是怎么修炼的呢？答曰：“饥来吃饭，困来睡觉。”很多人吃饭的时候不专心，百般思索；睡觉也不安宁，千般考虑。的确，名和利是对人性的最大的束缚，名缰利索，要打破此束缚，必须有平常心。我们对各种吹捧或者谩骂都不动心，哪是那么容易就做到的呢？宋代大文豪苏东坡有一次去拜访佛印禅师，佛印禅师不在，他就留了首诗，其中两句说："八风吹不动，端坐紫金莲。"表达自己学佛的体会。佛印看后，即批"放屁"二字，派一名侍者送过江去给苏东坡。东坡看后很生气，马上过江来要找佛印理论。佛印说，还说什么八风吹不动，我这一屁你就过江了。应该对得失毁誉都不动心。

第三句话，成自在人。这很难，因为现在，我们的各种束缚太多太多了。终日吃饭，未曾咬到一粒米；终日走路，未曾踏到一片地。如此，才会放弃一切相，则终日不离一切事，而不为一切事所惑，这才叫自在人。我们要体悟实实在在真实的生命，体悟时时刻刻充实的生命。

自然无为在管理中的运用

领导人的责任要做到你在领导别人，却又要让别人并不认为你在干预他，这是无为而治的一种现代的精神。道家最核心的思想是自然无为，所谓自然就是事物本来的面貌，状态，自然所表现出来的最大特色就是无为，无为而无不为，其实是要达到无不为，所以这个无为它不是一个消极的等待、消极的无所作为，而是要积极地去把握事物的客观规律，去正确地引导它，使它得到一个正常的发展。

无为才能无不为。中国古代有“一尊于法”或者是“一断于法”的思想，就是一切按照法来做，既然有法了，大家都按照法来做，就不应该有很多的干涉，特别是作为一个君子，更不应该有很多的干涉，所以就又有了“君道无为，臣道有为”，就是最高的领导应该是无为的，但具体负责方方面面的大臣应该是有为的，也就是政在四方，要在中央，中央集权并不等于中央包办一切，具体的事情都由四方来做，但是要在中央。要是什么？要是纲要、要领、关键。毛泽东同志讲一个领导的责任不是什么事情都是自己去做，一个好的领导做两件事，一个制定政策，一个用好人，就是这种精神的表现。所以无为对于一个领导者来说是主导的无为，目的是为了更好地调动被领导者的主动性、积极性和创造性，这在现代管理中有积极的意义。

美国有一本书叫作《未来的行政首脑》，书中就明确提到行政首脑从政处事能够得到成功的一个关键就是要“道法自然”，它把道法自然看成是行政首脑从政处事赖以成功的一个重要的法宝。那么道法自然是一个什么样的状况呢？书中引了老子的一句话叫作“功成事遂，百姓皆谓我自然”。事情都做成功了，但是老百姓感觉这是很当然的事情，没有感觉到你在强迫他们做，也没有感觉到你在怎么样地驱使他们做。

美国有一个著名的实验室叫作贝尔实验室，是美国一个科技方面的智囊集团，贝尔实验室就是以无为而治作为管理的指导思想。进入贝尔实验室，一进大门就可以看到“无为而治”这四个大字，下面是对“无为而治”做的英文说明。

胸怀宽广才能通大同。领导者在实际工作中如果事事过问的话，会让下属感到自己不被信任，所以不可能充分发挥主动性和能动性。无为而治在很大的程度上是调动和发挥所有人的主动性和能动性、创造性，绝对不是一个消极的因素，运用得好，它就是一个积极的因素。

道家思想讲究将心比心，设身处地，我们每个人实际上都是需要这样，每个领导者都不希望上级或者别人来干预自己的工作，每个被领导者也不希望事事被干涉，如果什么事情都要请示，那么这个事情就干不好了，所以要放得开。无为而治在很大的程度上是对我们领导者在文化修养和素质上的一个考验，关键看放得开放不开，人文精神里面一个非常重要的方面就是让我们能够有一个开阔的胸怀，有远大的胸怀。《礼记·礼运》篇讲的是大同，大同里面讲的是一个大同的理想的社会，天下为公。这里面还有很多值得我们进行哲学思考的东西，比如里面有一条：只要把事情做成功了就行，不要计较是不是我做成的。如果大家有这样的胸怀应该高兴，具有这样的胸怀不是一件容易的事情，特别是作为一个领导者，所以现在我们常常讲政在四方，具体的事情要大家去做：要在中央，责任是要你来负。老子的自然无为思想确实包含了许多值得我们发掘的因素。他告诉我们一定要充分地发挥每个人的能动性，要各司其职，各负其责，各展其长，各尽其能，无为而治的思想实际上涉及很多方面，是道家最主要的思想。

一种协调个人与社会关系的理论

——玄学的名教自然论

每一个人总是生活在一定的社会经济、政治、人际等关系之中的，要受到社会职业、地位、法律、道德等的制约。因此，人都是社会的人。但是，每一个人又都是有其各自的性格、独立的精神世界和意志追求的，从这方面讲，人又都是个体的人。人的这种两重性，构成了现实生活中社会和个人之间的矛盾关系。社会要求个人服从其整体关系的制约，而个人则要求实现自己独立的人格和意志。根据不同的社会情况和个人情况，这种社会和个人之间的矛盾，有时是统一的，有时是对立的。探讨个人和社会的矛盾关系，是中外古今思想家、哲学家最为关心的问题之一，诚如人们常说的，中国哲学的特点是注重于社会人生和伦理，因此，中国哲学在探讨个人和社会的矛盾关系方面有着极为丰富的理论。

在先秦儒家的观念中，社会的人是重于个体的人的，个人服从社会是天经地义的事，因而着重强调个人对于社会的责任和义务。他们认为，每个人在社会上都有其确定的等级地位，处于不同等级地位的人都有一个符合其身份的名称，因此，每一个人应当按照自己的身份名称去履行其对社会应尽的责任和义务，人也可以按照一定的身份名称去要求和检查每一个人对社会应尽的责任和义务。如果人们不能按照其各自身份名称的规定去做，那么社会的正常秩序就会遭到根本破坏，从而引起社会的混乱。基于以上的认识，儒家的中心理论是，通过论证每个人都具有养成道德和成为道德模范的可能性，都有一种道德上的自觉要求，然后提出，每一个人应当以道德的自觉原则（注：儒家极少谈到道德的自愿原则）来协调个人与社会的关系。从一个角度讲，儒家也是很重视个人的。它的重视个人，是要求每个人调动起其道德上的自觉性，以服从社会的整体。儒家的这些理论，在维护社会集体关系方面是有其合理性的，然而它把个人完全消融在社会关系之中，忽视个人意志发挥的偏面性也是显而易见的。

先秦法家同样是强调个人服从社会的，但是在理论上和实践上与儒家还是有着重大区别。儒家主张通过人的道德自觉来抑制自我，服从社会；法家则不相信人有这种道德的自觉，甚至根本不相信人有道德的要求。他们认为，人的本性极端自私，只有用严刑峻法才能使人们服从社会整体。法家在排斥普通人的个性方面，比儒家更为极端，它是封建君主专制主义的理论主体。

先秦道家，特别是庄子，提出了与儒家和法家相反的观点。在他们的观念中，个体的人高于社会的人，因而谴责社会对于个人的种种束缚，着重强调发挥个人的自然本性。他们认为，当人们被社会中的各种身份名称、是非利害所支配，他就失去了个人的自由。而且，社会为了维护其各种关系确立起来的法律制度、道德规范等，对于个人来讲也都是一种异己的限制力量。不仅如此，他们还认为，严峻的法律制度、繁多的道德规范甚至是造成社会动荡不安的根本原因。道家推崇自然界中天地与万物的关系，即天地听任万物依照其本性自然地生长和发展，而不作任何的限制和干扰。这也就是所谓的“自然无为”之道。他们认为，人类社会应当以自然界为榜样，社会（特别是社会的统治者）也应当遵循“自然无为”之道，对于个人不作任何的限制和干扰，而随顺其自然本性的发展。老子认为，如果社会（的统治者）真能做到“自然无为”，则人们就会复归于纯朴的本性而相安无事，社会也自然安定了。然而，在现实社会中，个人经常是不可能完全摆脱社会制约的，因此也不可能获得个性的完全自由。对此，庄子认为，可以通过认识方法上的调整，从主观上排除个人对社会的种种依赖和社会加给个人的种种束缚，即可在精神生活中获得个性的完全自由。道家的这些理论，在重视个人意志方面有其合理性，但是他们把个人与社会完全对立起来，想把个人从社会关系中脱离出来，显然又走向了另一个偏面。

上述儒家强调按照身份名称去规定每个人的社会责任和义务的理论，历史上称之为“名教”；道家主张随顺个人的自然本性的理论，则称之为“自然”。有没有可能把儒道两家的理论融会起来，使个人与社会的关系从紧张对立变得松弛协调些呢？魏晋时代的玄学家们在这方面做了有意义的探讨。

儒家的“名教”理论，在两汉（特别是东汉）社会实际生活中起着重要的作用，是评判人物、选拔人才的主要方法。然而沿习至汉末，流弊丛生。“名教”除了作为统治者压迫、管制人民的手段外，还成为某些诈伪狡黠之徒欺世盗名的工具。它不仅使人们的个性受到摧残，而且使社会的风气遭到腐蚀。魏晋玄学针对时弊，高扬道家的“自然”理论，并通过提倡“自然”，肯定个人自然本性的根本性和合理性。玄学家们认为，“名教”是建立在人的自然本性之上的（即所谓“名教”本于“自然”或“名教”出于“自然”），“自然”为“本”，“名教”为“用”。他们尖锐批评那种脱离“名教”的本质或根本精神，而只知在形式上拘守“名教”的“弃本适用”之论，认为只要真正把握住人的自然本性，真正把握住名教的根本精神，那么，社会的名教规范不仅不会与人的自然本性相冲突，反而是协调一致的。

王弼是玄学的主要创始者之一，是一位年轻的天才思想家。他提倡“以无为本”和“圣人体无”，其中心旨意就是强调因顺事物（和人）的自然本性。他认为，喜怒哀乐是人的自然本性，即使是圣人，也不能没有喜怒哀乐的感情。例如，孔子对于颜渊的品德和才能早已心中有数，然而，当颜渊前来从他求学时仍不能不感到高兴，而当颜渊不幸夭折时也不能免去悲痛。由此可知，人的自然之性是不可能去除的。他强调指出，人的道德行为是其本性的一种自然表露，如对父母的“自然亲爱”就是“孝”。因此，一切社会道德规范（和制度）体现了人的本性中的各种自然感情，同时，一切社会道德规范（和制度）也是为了使人的自然本性得到充分的表露。与此相应，圣人对人们所进行的教导，也是为了启发人们的自然本性。所以，王弼认为，人的“自然”本性是根“本”，而“名教”只是“末”或“用”。但是，在现实社会生活中，人们往往舍本逐末，不能守住“自然”这个根本，而去追逐那些道德规范的表面名声，结果是助长了社会上的虚伪风气，反而破坏了社会的道德秩序，违反了道德的本意。为此，王弼特别推崇依据民间风俗而建立制度。鼓吹恢复和发扬淳朴之本性以抵制社会的虚伪风气，等等。总之，王弼希望通过他的“名教”本于“自然”的理论，以“自然”统摄“名教”，使“名教”复归于“自然”，从而在一定程度上使社会伦理规范与个人情感意志之间的矛盾对立得到某种调和。

以嵇康、阮籍为代表的一派玄学家，进一步强调了以“自然”为本的思想。他们主张听任本性的“自然”发展，而不要为“名教”的形式所束缚。他们认为，只要心中没有自我炫耀之意，就能够彻底摆脱“名教”的束缚而使“自然”本性得到充分的发展。因此，这一派人在行为上放荡不羁，注重“自然”真情的表露，而蔑视“名教”形式的拘守。如，相传阮籍性至孝，他母亲去世时他正与朋友下棋，那位友人请求停止下棋，然阮籍却坚留其决一胜负。他的朋友裴楷前去吊丧，他则披头散发叉开两脚坐在地上，醉眼朦胧地直瞪着人。他们的思想行为在社会上产生了很大的影响，一时流为社会风尚，名士们争相效仿。这些效仿者从形式上学嵇、阮的任性放荡，其行为有过之而无不及，以至危及维持社会风尚最起码的礼制法度。这种风气的漫延，是与王弼强调以“自然”为“本”的初衷不一致的。它走向了另一个极端，同样也引起了人们的忧虑和不安。当时的一位著名玄学名士乐广，批评那些以形式上的放荡来哗众取宠、邀名于世的人说，“名教”中也不乏表“自然”真情的场所，何必一定要那样狂放做作呢！这也就是说，完全蔑弃“名教”也是不行的，离开了一定“名教”规范的“自然”真情，必将流于狂放荒诞。乐广在此重申了王弼关于以“自然”为本，以“名教”为用，本用不可易位的调和理论。

郭象是玄学的又一位杰出的思想家，他把玄学理论发展到了一个新的高度。在关于“名教”和“自然”的关系问题上，他极大地发展了王弼的思想，使以“自然”为本，以“名教”为用的理论更加充实和完善。如上所述，在本和用的关系上，王弼更强调的是“举本统末”，也就是说，以“自然”统摄“名教”，使“名教”复归于“自然”。这里多少有将本与末、自然与名教割成两截的痕迹，并有可能从中导出听任“自然”而摆脱“名教”的倾向来。郭象注意到了这方面的问题，因此他在讲本和用的关系上，着重强调两者不可相离的一体性。他认为，“名教”存在于人的“自然”本性之中，人的本性的“自然”发露也必定与“名教”相符合。他说，“仁义”之类的道德规范，完全是人的本性，只要任其发露就可以了，那种认为“仁义”不是人的本性，完全是不必要忧虑。他以牛不辞穿鼻、马不辞络首是牛马本性中就具有的作为例子，来说明“仁义”即在人的本性中。这也就是说，表面上看来是借助于外力的名教规范，其实存在于自身自然本性之中。因此，服从于仁义等名教规范，当然是合乎人的自然本性的。他进一步分析说，人和物都各有其与生俱来的本性，而每个人或物的本性又都有他自身的规定性，这种规定性既不能逃脱，也不能改变。这就像天生的聪明人和愚蠢人，他们是不可改变的。他还认为，对于每个人或物来讲，应当满足于自己本性的规定，任何超出本性的要求，不仅会给社会带来争斗，而且对自己也是一种伤害。对于不同的人和物来讲，不管他们之向外在的差别多大，只要各自满足自己的本性规定，那么他们的所得都是一样的，没有高低之分。同时，人与人或物与物之间的关系，无非是各按其本性去行事罢了，除此之外不存在其他关系。正如人的一身，头在上，足在下，五藏在内，皮毛在外，它们各抒其性，即构成人的一个整体，此外，它们之间再没有其他的特殊关系了。于是，郭象声称，一切贵贱上下等级都由各人的本性所决定，人们如果都能安于自己的天性，满足于自己的本性，则名教的秩序自然就安定了。总之，郭象从“名教”合于“自然”，推论到“名教”即“自然”的理论，可称之为“名教自然论”。他把外在的社会道德规范与个人内在的本性统一起来、等同起来，使“名教”获得一种自然合理的形态，使“自然”在一定形式下得到某种程度的自我满足。

玄学把“名教”根植于人的本性之中，使遵守社会道德规范获得了某种自愿的根据，这是对先秦儒家偏面注重道德自觉，忽视道德自愿理论的一个重要补充。以后，宋明理学把“礼教”说成是“天理当然”，而通过“性即理”之说，又把“礼教”根植于人性之中，这里显然有着玄学的影响。

个人与社会之间的矛盾是会永远存在下去的，只是随着时代的发展，个人与社会之间矛盾的内容和形式会有很大的不同，因此必须不断寻求新的理论予以协调。玄学的“名教自然论”，作为一种协调个人与社会关系的理论，已成为历史的陈迹，今天我们来谈论它，无非是供寻求各种新的理论时作参考而已。

第五章

科学时代的人文信仰

探求合乎东亚文化传统的宗教学理论

宗教学本身当然是一门很古老的学科，但是由于中国近代历史上的特殊情况，宗教学的研究在中国长期以来一直陷于停滞状态。近些年才开始慢慢恢复。从全国范围来看，1964 年中国社会科学院世界宗教研究所成立，主要从事马克思主义宗教学原理的研究以及一些具体的宗教方面的研究。北大哲学系虽于 1983 年成立了宗教学专业，但当时主要的师资力量还是来自宗教研究所。直至 1988 年、1989 年前后，该专业才完全转由北大哲学系自己办理。

过去人们对于宗教抱有很多误解，主要表现为两方面：第一，认为宗教都是属于迷信。过去流行一种说法，即宗教是毒害人民的精神鸦片。这种否定性的价值评判，阻碍了人们从正面角度、把宗教视为历史的和现实的文化现象去研究。第二，人们根据马克思主义的宗教有其发生、发展和消亡的过程的说法，认为宗教的产生和存在是由于科学的不发达、社会的阶级压迫以及人民生活的贫困，等等。这种看法不言而喻的推论便是：只要科学发达了、阶级压迫消失了、人民生活富裕了，那么宗教就会自然而然地消亡。然而事实证明并非如此简单。

以上情况使得长期以来我国的宗教学研究十分滞后。从宗教学原理方面看，目前我们基本上还停留在借鉴西方宗教学理论的层次上，尚未形成具有自己独立见解的宗教学原理的理论体系。至于具体的宗教研究就更薄弱了。关于宗教学方面的知识教育在大学高等教育中几乎没有，基础教育中更无须论。大多是在讲西方哲学时附带讲一下有关基督教、天主教方面的知识，在讲中国哲学时附带讲一下有关佛教、道教的知识，或者在历史课上附带论及。总体上讲，当前中国从老百姓到知识界，对于宗教的了解还是比较贫乏的。即使是过去有一些研究根基的，例如佛教，在相当长时间内也只是被当作一种历史的文化现象，或停滞了的文化现象来研究。

我大约在 1985 年就提出：对于宗教（尤其是佛教），不应当只把它看作历史的、停滞了的文化现象去研究，而应把它看作现实的、有生命的、活着的文化现象去研究。且不说目前有许多宗教信徒存在这一事实，即使是旅游，我们的大多数文化景点也都留有佛教的痕迹。当我们去参观它时，它就已不再只是单纯的历史的东西了，而是与我们的现实生活发生关系的东西了。

总之，对于宗教首先要从文化角度去研究，而不只是从民族的角度、信仰的角度去研究。若仅仅停留在这个层次上，则对宗教的管理工作也不可能完全做好。宗教当然首先是由信仰引起的，但它所包含的内容已超出信仰，进而渗透到社会生活的各个方面。因此我们应当力求对它有一个全面的把握。改革开放以来，随着对外交流的增多，我们看到：宗教并没有随着现代社会的发展而自行消亡，而是随着科学和经济的日益发展而同步竞进，甚至出现了更为迅猛的发展势头。这是原先我们始料不及的，也是应当引起深思的一个现象。

我认为人的精神问题并不只是靠理性的思考、实证的检验以及经济条件的改善就能够解决的。因为人在理性生活之外，还有感情生活的诸多方面，例如艺术方面的感情生活、信仰上的感情生活，等等。蔡元培先生曾提出“以美育代宗教”，这个设想很好，也很符合中国国情，但是恐怕不可能完全实现，因为还有相当数量的问题要靠信仰来解决。我觉得宗教会长期存在下去，甚至与人类的存亡相始终。宗教作为一种文化现象是人类信仰方面的情感的表现。宗教的具体形式可以变换，某一教派可以消失，但是宗教这种文化现象恐怕是要与人类共存的。

因此我们现在很需要进一步研究宗教学，需要根据东方宗教，特别是中国宗教的特点，提出我们自己的富有个性的宗教学理论来，而不能只停留在完全搬用西方宗教学理论来解释中国宗教的阶段。这是当前一个非常迫切的任务。当然宗教比较是不可避免的而且是必要的，但是终究中国宗教与西方宗教之间存在很大差异，不应简单地同等对待。

中国宗教的特点是实用性和现世性比较强，它不像西方宗教那样具有神圣性和超世性。西方宗教（主要指基督教、天主教等）是一神信仰，这个神拥有绝对的至上性。而中国人的特点是“见庙就烧香”，一个人可以什么神都信，只要对他有利。中国宗教中没有如西方那样的绝对至上的神，它是一种多宗教的信仰，或者说多神的、泛神的信仰。因此，相对于西方宗教信仰来讲，中国宗教信徒的宗教观念是比较随便和淡薄的。

从哲学思想角度讲，西方宗教与中国宗教更重要的内在差别在于：西方宗教的追求方式是一种外在的超越，它依靠的是外在的一种力量，即上帝救世，来达到自我超越，进而与上帝合而为一。而中国宗教的追求方式更多的是自我内在的超越。虽然也有借助于外力的，例如佛教中对观世音的信仰就是借助于观世音的力量去超越，对西方净土的信仰也是要依靠阿弥陀佛极乐世界的力量去超越，但中国宗教总体上更强调的是自我的提升。近代太虚法师就说过：“人圆佛即成。”意思是人自己圆满了就成佛了，无须借助于外力。中国的禅宗就是讲这个道理，而这又是与传统儒家思想相一致的。西方对此就不太理解，按他们的标准来衡量，中国没有宗教。近些年来一些西方学者在做中西方沟通的工作，例如天主教与儒家、佛教的对话，等等。他们在努力寻求中西方宗教的共同性，哪怕是皮毛上的共同性。

这对于我们也有很大影响，使得很多人就跟着西方学者学，把本来不那么神圣的、严肃的、绝对的中国宗教，用适合于西方的那种十分神圣的、严肃的、绝对的宗教理论来进行研究，于是出现了用西方概念来比附、解释甚至否定中国宗教的局面，我们长期以来一直在此中徘徊。这也是我们缺乏自己理论方法的后果。

至于我们应采取什么样的适合于自己的研究方法，就目前情况来看还很难讲到这一步，我们都处于探索当中。中国在刚刚接触西方文化时，产生了盲目排斥与勉强附会两种态度，这当然都是不可取的。我想，只有从整体上把握了中西两种文化的根本精神及其内在差异，我们才能更好地去进行宗教比较研究。例如：有很多文章把阿弥陀净土与基督教的天堂作对比研究，其实二者根本不是一回事儿，但是我们又可以扯出二者的许多相同点来。因此我们如果没有对于中西文化根本精神的整体把握，有很多东西就难以说清楚。然而要达到整体把握，就必须通过对具体的宗教样式的深入研究去获得，例如对于基督教、伊斯兰教、佛教或道教等的分别的深入研究。

我很不赞成比附，但认为比较是必需的。在比较过程中，最重要的是互相理解，而不是判别是非高低。应该保持客观的态度，用以了解另一种文化中的思维方式和信仰感情。我想大可不必用中国宗教去说明西方宗教，或者反之。我们希望二者各自保持自己的特点，不希望将一方等同于另一方。能够达到相互沟通和了解就可以了。

中国各宗教，尤其是儒家，非常关心此岸世界。而关于智慧解脱，我认为中国思想中其实有很多解脱思想，包括孔子的那句话，从某种意义上讲也是一种解脱理论。孔子对于死后的情形是讳言的，他主张对于死要采取一种自然的态度，没有什么。中国传统认为死是一种自然的过程，所谓解脱也是一种自然而然的解脱。儒家如此，道家更如此。中国士大夫对于死很超脱，一般老百姓也不在乎，只是在市民阶层中间，在那些患得患失的人中间，“死”才是个大问题。中国人对于死很坦然，其生命观就是认为死后魄归于地，魂归于天。

我认为，可以把世界上生命的延续观分为三类：第一类是西方基督教传统的生命延续观。他们认为人的肉体和灵魂均由上帝所赋予，一切都是上帝的。因此一个人只消对上帝负责、对自己负责即可，与任何别人甚至父母子女都没有关系。行善者死后入天堂，行恶者死后下地狱，之后就没有什么了。第二类是印度传统的生命延续观，即“业报轮回”（这个观念并不是佛教所倡导和追求的，佛教只是用它来导俗）。这也是一种个体本位的观念，认为人完全是自作自受，自己造什么业就受什么果，与父母子女毫无关系。它注重的是个体生命的轮回，个人只对自己负责。第三类是中国传统的生命延续观。中国人认为父母的血脉会在其子孙身上延续下去，强调福荫子孙、父债子还，相信“积善之家，必有余庆；积不善之家，必有余殃”。因此中国人的生命观是在子孙的延续中体现出来的，无须一种严重的个体的解脱。中国人的生命的延续观把个体融入集体之中，强调个体是整体系列的一员，个体的消亡并不影响系列的延续。所有人的生命都是相联的，所谓天地生之本，先祖类之本，君师治之本。这种观念落实到个人身上，就使每个人都注重自身人生境界和品格的提升，强调积德和个体的完善。因此我想可以把中国人的这种生命延续观称作“大生命观”。这种“大生命观”使得人们不会采取竭泽而渔的办法，而是鼓励“前人栽树，后人乘凉”的作为。我想它对于社会人生是非常有益的。

中国很难出现一个统一的宗教，将来恐怕也不大可能。西方的一神论传统是由其历史条件所促成的，例如宗教战争以及神权对王权的控制，等等。而中国并未经历西方那样的历史过程。在中国始终是王权凌驾于神权之上，王权利用神权来为自己服务。因此中国当权者希望有不同的宗教存在，以便互相调节。老百姓对此也很习惯，他们认为多一个神保护总比少一个神保护好。更何况若按西方宗教观念来看，中国宗教还处于启蒙阶段。而中国人自己也多视其为一种传统习惯，对宗教不抱很神圣的态度。

我相信将来宗教的发展会呈现综合性的趋势（包括思想观念上的融合，甚至是教规教仪上的融合）。各个宗教会相互影响，进而彼此取长补短。例如：佛教要想在中国产生更大的影响，就需要向天主教学习，建立起一种比较规范化的宗教活动和宗教仪式。在西方，天主教兼有户籍管理的作用，一个人出生后要去教堂施洗，去世后要去教堂注销。日本的“檀家”制度中，各个寺庙也都有固定的家庭的联系。而佛教在中国就松散得多，宗教的组织管理规范化程度很差。当然这与整体环境有关，目前中国国内对于宗教尚缺乏自觉意识，社会环境亦不允许宗教自主地发展，因此宗教在中国发展得比较迟缓。

综合性的发展趋势在民间宗教中体现了出来。例如明末林兆恩创立的“三一教”，今天在福建沿海地区仍然存在，其特点是儒释道三家融合。再如台湾有“五一教”，它是在儒释道之外，又加上了基督教和伊斯兰教的东西。总之这种混合型的宗教将来会更加发展。

传统宗教也可能有新发展，但目前时机都不成熟。我认为当前最迫切的问题就是要整理神职人员的队伍，提高神职人员的整体素质。应该给他们提供到社会大学、普通大学里接受教育的机会，因为单凭神学院里的教育，他们对于现代社会是不可能有准确、深刻的了解和把握的。在这一方面，目前我们的国家政策也还未调整好。

历史是不可预言、不能假设的，因为它是动态的、变化不居的过程。但这也不妨碍我们对之进行分析和推断。我认为：东方传统的思想在未来可能会有一个适当的回归。

人们在经历了工业化和高科技发展之后，面对现代社会的种种问题，产生了返朴归真的追求。当然这只是肤浅的现象上的描述。问题在于：人类在像目前这样的发展状况下，是不是一种自我摧残？那种紧张、机械、无自主、无消闲的存在状态，促使人们回忆以往的田园式的生活。从更深层的思想方面看，对现代社会的批判首先是从科学界发难的。因为实证科学发展至今发现自身存在着很多难题。实证科学以定量、定性为根本方法，以重复性和普适性为基本特征。但许多问题并非以此就可以解决的，有时往往模糊一点倒可能更接近事物的现实状态。模糊科学、混沌科学由此发展起来。这使人们看到：朴素的辩证的思想并不是已然失去了意义。过去我们的教育有个大问题，即认为从朴素辩证法到形而上学再到唯物辩证法，三者是一步高过一步，一步抛弃一步。而实际上并非尽然。三者各有其适用范围，无须越俎代庖，更不是一个排除一个、一个替代一个。牛顿力学今天在古典物理学范围内不是仍有其重要作用吗？那种朴素的、直观的、整体的思维方式在今天仍有其适用范围。因此，我认为在21世纪，东方传统思想会引起人们更多的重视。

其次在社会问题方面，东方文化哲学也提供了丰富的思想资源。例如青少年问题，东方注重从小教育为人之道，而不是单纯知识的教育。这对于人的成长是非常有益的。其他如妇女问题、老人问题，借鉴东方哲学与宗教的观念也是很有必要的。再如在亲情问题上，我们的法律除了讲求法、理之外，是否还应讲究“情”？当然是指正确的情、适当的情。1992年我去韩国考察儒学在现实生活中的作用，发现韩国民法中有这样的规定：在窝藏罪中，若窝主是罪犯的父母或子女，则窝主的罪罚可以减轻。在伤害罪中，若伤害人是被伤害者的父母或子女，则其罪刑要加倍。我认为这种规定照顾到人的“情”，因此有其合理之处。过去“文革”中影响最坏的问题之一就是不讲“情”，刻薄寡恩，让夫妻、父子之间相互揭发和批斗，从而使社会民风大坏。我认为21世纪东方传统文化应该在世界上发生影响，至少它可以弥补当前许多缺陷。我们作为中国人，也有这个责任。

科学时代的宗教定位

任何一种文化、一种宗教都是一定时代的产物。在历史的发展中，一种文化、一种宗教要不被时代淘汰，就必须对自己已有的内容和形式做出调整、补充或改造，找到自己在这个时代存在的理由，重新给自己一个定位。

当今时代是一个讲科学的时代，是一个科学占据了话语霸权的时代。所以，什么事情都要被问一个科学不科学的问题。在一些人的心目中，所有的文化、思想只有被证明为是合于理性的、合于科学的，才可以被认同，才有存在的资格。否则，则被视为蒙昧、迷信，以致列为批判、否定的对象。而其中，宗教常常是首当其冲地被科学批判、否定的对象。

之所以出现这种科学与宗教矛盾、冲突的现象，也不是现在才有的，而是有其历史原因的，它由来已久。

首先，在古代，我们的知识是很混同的，任何一个知识体系都是包罗万象的，像今天我们所讲的“科学”“宗教”等，在那时完全是混而不分的。然而，随着近代知识文化的发展，知识体系不断地分化，学术的分科也越来越细致。这样就导致了各个学科之间的分野、比较和矛盾，也引来了现在分科知识和传统的混而不分的知识之间的关系问题。

其次，西方中世纪基督宗教是占主导地位的文化，它是一种一神信仰的文化，对至高无上的神意志的信仰，排斥人的理性，也排斥由理性发展出来的科学文化。于是在当时就产生了宗教与理性的对立，与科学的对立。因此，当西方社会从中世纪走出来，在冲破基督宗教原先那种独断论文化状况的时候，人们充分强调理性和科学，并且把理性、科学与宗教对立起来。于是，社会开始激烈地批判宗教。我们都知道，欧洲 17、18 世纪，一批战斗的唯物主义者对宗教的批判是非常严厉的。在中国，这个问题的发生是近代以来的事情，特别是五四运动前后的新文化运动，举出“科学”与“民主”两面大旗，在中国也产生了科学与宗教冲突的问题。在五四前后，社会上成立了一个反宗教大同盟，当时几乎所有的被称为先进的人士，都参与了这个大同盟，对宗教采取一种批判的态度，认为宗教是一种迷信，一种非理性的东西。

其实，宗教是一个历史的概念，它是有发展、变化的，而且不同的宗教，在内容和形式上也有很大的差别。我国近代接受的宗教观念，是欧洲从中世纪转向近代过程中，当时欧洲启蒙思想家们对中世纪宗教观念所做出的评论。在这种宗教观念里，对于神的信仰，尤其是一神的信仰十分强烈。中国近代就是在这种宗教概念的主导下，来与当时传入中国的科学思潮相互交涉的。

在中国，科学对宗教，包括对佛教在内的批判，同时也就引来了各个宗教包括佛教对于科学的响应。在这种响应里面，我觉得可以看到三种情况，大致也可以看作是三个阶段。

第一种情况或第一个阶段，主要是用科学道理来批判宗教信仰，指斥其为迷信，否定理性、违背科学，毒害民众、危害社会，等等。宗教的回应则主要是在辩护自身有与科学相通之处，或声称在自身的教义、理论中早已包含有科学的内容。这里我们简单回顾一下近代中国佛教在响应这方面问题时的一些情况。其一，如近代著名思想家章太炎先生，他就认为佛教可以作为中国传统文化接纳西方文化的一个桥梁。如他说，佛教（唯识法相学）是从分析名相始，以排遣名相终，从分析到排遣，与科学的方法是一致的。所以，他明确表示，佛教是可以来响应当代科学的。其二，近代一些信仰佛教的科学家，如著名数学家、电工专家、北京大学教授王小徐（季同）先生先后撰写《佛法与科学之比较研究》《佛法省要》，无线电工程学家、浙江大学教授尤智表先生撰写《一个科学者研究佛经的报告》《佛教科学观》等书籍，都是极力论证佛教中有现代科学的内容和精神。

第二种情况或第二个阶段，是想通过科学的传播、普及来消除宗教的影响，甚至最后期望以科学来取代宗教，包括佛教。许多科学家包括后来强调以马列主义为根本指导思想的人们，都是希望用科学最终来消除宗教。他们认为，宗教是人类在蒙昧时期所产生的文化，它有它的产生、发展的历史，最终也必然有它的消亡。怎么会消亡呢？就是靠人类知识的发展，尤其是科学知识的发展。因为从认识的根源来讲，人类在蒙昧时期，还不能掌握自然的发展规律，一旦科学发展到一定的程度，人们能掌握了自然的发展规律。

人类能战胜自然，那么宗教自然就会消亡。一直到现在，在很多人脑子里也还是这样想的。当然，宗教的发展和消亡还有一个社会的原因，这里就不说了。然而，事实上宗教问题并不像人们想象的那么简单。我们看到的事实是，随着科学技术的发展，宗教也在同步地发展，甚至比以往发展得更快。

科学的精神是尊重事实，以上宗教在现代社会中有旺盛生命力的现实，促使人们重新思考科学与宗教的关系问题。于是，出现了对话中的第三种情况，或者说第三个阶段。很多科学家在他们的科学研究和实践中，从宗教包括佛教的教理和思维方法中，获得了许多的启迪，从而推动科学研究和实践的发展。这种启迪，笼统地讲也就是人文知识体系的理论和思维方法对现代科学知识体系发展的启迪。

整个近代以来的文化发展历程，我们可以看到这样一个过程，开始的时候是人文学科借用自然科学的方法来解读、研究人文学科中的许多问题，应该说这种科学知识体系方法的引入，在近代人文学科的研究中取得了相当多的成果、成绩。到后来，发展到现在，我们又看到了人文学科对实证科学的巨大影响。人文学科研究中运用的诸如不确定性、随机性、模糊性、非线性等整体、动态的思维方法，被大量地运用到了科学知识体系研究。于是，我们的实证科学发展成了现代科学。我们现在讲的科学与实证科学并不是同一个概念，实证科学强调的是普适性、确定性、可重复性，等等，而我们现在科学并不是强调它的普适性、确定性。现在有很多学者提出一个复杂性科学的概念，而把原来的实证科学称之为简单性科学以示区别。对于复杂性科学这个概念是否准确，恰当不恰当？我不知道。比如，现在有人为了回应否定中医、说中医不科学的一些说法，就说中医不是简单性科学，而是复杂性科学。

同样，我们的宗教文化，现在也有人在把它纳入复杂性科学的概念里面去。这就是把科学性概念扩大了，把科学分成了简单性科学、复杂性科学，用复杂性科学解决简单性科学不能解决的问题。我们从科学角度来讲，其实就是它本身的发展过程，从实证科学发展到现代科学。由于我们现代很多人脑子里还停留在实证科学的概念上，所以对很多随机性的科学思维方式，并没有很关注到。我们一讲科学，人们还是以普适性、可重复性来衡量它。我想这个就是科学概念需要在我们脑子里有一个变化，现在的科学确实是从人文知识体系的方法上获得了许多有益的东西。这也正是不少西方科学家讲的，我们从东方传统的文化当中，可以不断获得科学发展的启迪和源泉。

反过来，从佛教方面讲，近代佛教也借用了很多科学的方法来研究，在科学内容中也找到很多可以印证佛法理论的内容。其实，在当今学科已经分化到这种程度的情况下，我们不再适宜用一种一统的思维方法去思考这些问题。也就是说，我们的任务是要探索在这个知识多元化的时代中，每一种文化体系或样式怎么样来自我定位的问题。中国的古圣早就说过，我们以同求同，万物皆同，以异求异，万物皆异。实际上在知识的领域里，就是这样一个问题，在不同的文化体系或样式中我们都可以找到其中的同点，也可以找到其中的异点，因为都是人类的知识。

因此，就出现了一个我们究竟是要异中求同，还是同中求异的问题。其实这个问题也不应该这样来提，我们既需要异中求同，也需要同中求异，在这两个方面，我们不可以偏执。我们偏执于异中求同，那么就会尽量地去附会；相反，我们过分偏执于同中求异，就会造成不必要的对立。所以，我们在这个问题上要采取中道。不仅要中道，我们既要求同，还要明异。在我个人看来，如果就佛教现在的发展需要来讲，首先更需要注意的是求异。因为“明异”其实是一个知己知彼的问题，我们只有知道了彼，它的特点在什么地方，它跟我们的“异”在什么地方，我们才知道自己应该定位在什么地方。我们不应该再用一统的思维方式去思考问题。我常常讲近年来在中国哲学界有不少讨论港台新儒家的问题，但是我们应当看到港台新儒家最大的问题就是儒家情结的问题，也就是说，他们还是试图用儒家文化体系来一统天下。所以，新儒家提出来要三统并建，即仍然要以儒家文化来整合政统、学统、道统这三方面。这个就是没有认识到现代时代发展学科的多元分化、并存的情况下，我们儒家究竟要定位在什么地方？

我认为，佛教也有这个问题，在这个知识多元化结构的时代，我们如果明了了各种和我们不同的文化样式、知识体系的情况，那么我们佛教究竟应该定位在什么地方也就会清楚了。佛教应该找出这个与其他文化样式、知识系统不同的东西来定位发展。

发展到今天，人类的文化知识体系绝不仅仅只有科学知识一种体系，更不应当认为科学知识是人类最高的知识体系。时下科学占据话语霸权地位的状况，并不是一种正常的现象。就人类知识体系来讲，细分的话可以有许许多多，而归纳起来大致可分为两大类，即人文知识体系和科学知识体系。这两大知识体系有相通之处，其思维方法也可互相借鉴，但不能相互取代。宗教文化属于人文知识体系，佛教所探讨的根本问题是人文的问题，当然也归属于人文知识体系。中国近代高僧太虚大师曾明确说过："佛教问题即人文问题"，"故佛教问题，实为全世界人文之所系，应时行化，不容缓矣！”（《佛乘宗要论》）这是非常深刻的见解。佛教是以人文的理念和方法来探求和解决人的生死烦恼等问题，所以我们没有必要以科学知识体系、科学的理念和方法来比附它，也不需要求得科学理念和方法的认同。

当然，人文知识体系中也有许许多多的文化形态，不同的人文文化形态也都应当找到自己的特点和定位，尽管这种特点和定位在历史发展的进程中也会变化和发展。同时，人文问题也是所有宗教共同关注的问题。那么，我们如何来找到佛教的人文特点和定位呢？

在中国，宋代以来人们常用“以儒治国，以道治身，以佛治心”来给儒、佛、道三个主要传统人文文化形态来定位，这对我们今天给佛教文化定位仍然是很有启发意义。

此外，在与其他宗教文化比较中，我们也可以看到，大多数宗教都是借助于神道的精神和理论来关注人文问题的，具有浓厚的神道色彩。唯有佛教自释迦牟尼创教之时起，即充满了重视人类依靠自身的智慧和毅力来自我解脱的人文精神。即使在大乘佛教的发展过程中，虽然也有浓厚神道色彩的一面，然其解脱修证的理论、实践，以及以人为主体的根本精神，仍然占据着主导的地位。

根据以上的简单分析，我想应当可以根据佛教（大乘佛教）的基本教理，为佛教在今天这个时代找到一个自我定位的参考方向。在今天高速发展的科技信息时代和激烈竞争的经济社会，更加速了人类的自我异化，人们因而更迫切地要找回失落了的自我、了悟自我，社会也需要更多更深切的人文关怀。所以，大乘佛教以人为主、自我解脱的古老人文精神，在今天具有了新的现实意义。

用佛教来治心，来救助人们的心灵，应当给人以当下真实的感受。因此，弘扬大乘佛教，特别是中国禅宗强调的“本性清净”“是心即佛”“自性自度”“不借外求”，以及“不断烦恼而得菩提”“不离生死而证涅槃”的不二法门等根本教理。使人们认识到修行就是要回归本来清净的自心自性，要把出世的修证与入世的生活融通起来，在入世的有为法中，修证出世的无为法，从而在不离日用的“本分事”“平常心”中，获得当下真实的“自在”“解脱”。

如果今天佛教做了许多其他的工作，而没有在人的心灵感受上让人获得当下的感受，当下的真现量，这就偏离了佛教。只有我们领会了这种跟科学的不同，跟其他宗教、文化的不同，才能找到自己的位置，找到自己运用的领域。所以互相取代是完全不可能的，科学跟宗教，谁取代谁都是不可能的，同时谁要把谁包括进去，也是不符合时代多元文化精神的。

中国近代其实已经有过一个非常深刻的经验。20 世纪 20 年代，社会上发生过一场相当大的思想争论，就是科学跟玄学的论争或称科学与人生观的论争。当时一些科学家认为，人生观的问题，科学也可以解决，而一些思想家则认为，科学可以解决许多问题，但是人生观的问题是科学不能解决的。他们认为，一个人的价值选择，一个人的心灵感受，科学怎么能够解决呢？但是他们又说不出一种定量定性的客观标准系，于是科学家就骂他们是玄学鬼。所以，就出现了一场科学与玄学的大争论。这场争论的结果是谁也没有说服谁，谁也不能替代谁，所以现在还是并存的。

在今天，科学知识体系与人文知识体系同是人类不可或缺的知识体系，问题是我们每个知识体系都要找到自己的特点和位置，在各自的特点和位置上解决人类所遇到的不同问题，在各自的特点和位置上去进行发展。

总之，探讨科学时代下佛教定位的问题，首先要开展科学与佛教的对话。在相互尊重的对话交流中，一定会发现许多思想是可以并存的，很多思维方法也是可以互相启发的。在现代这样一个多知识、多文化、多元结构上面，怎么样给自己找准一个定位，再找到自己发展的方向，是每一种文化、每一种知识体系共同面临的课题。

基于人文精神的宗教管理

有一个比较现实的问题，就是理论研究和现行的宗教政策的关系问题。这两者也常常有同有异，有些地方是一致的，有些地方是不能一致的。比如我们刚才讲到，从理论上来讲，宗教可能是和人类相始终的，也是社会整体文化的一个组成部分，因此要给它一个相应的地位，或者从另一个角度来讲，我们要平等地对待宗教这种文化，但实际上，宗教成为一种特殊的文化现象。在我看来，把宗教当作一种特殊文化现象来看待，对于宗教既有好的一面，又有坏的一面。我觉得所有的文化现象，我们都要平等地看待，我们有时候把某些文化现象特别提出来，专门来对待，只会增加我们政策方面的一些问题。

我国很早就想制定宗教法，二十年前，我就参加过关于制定宗教法的会议，论证到最后，我们还是没有制定出一部宗教法。制定宗教法是好还是坏，其实很难说。从一个角度来讲，可能好，从另一个角度来讲，可能并不好，尤其像我们现在这种情况。对于宗教，我们认可的是五大宗教，可是现实中并不是只有这五大宗教，就拿基督宗教来讲，除了天主教、基督教，在中国境内还存在东正教；其他不少的民间宗教还在活跃，像福建地区的“三一教”，到现在还很活跃。所谓“三一教”，就是儒释道三教混合在一起，这个教历史也很悠久，从明代开始就变成了宗教，我们并没有给它一个合法的地位，但是只要不触犯国家的民法、刑法和其他的各种法律，我们也没有必要直接干涉它。我觉得这是比较好的方法。

宗教需不需要管理？当然需要管理。从古到今，世界各国都有管理的办法，但是怎么来管理呢？制定宗教法，我觉得不如制定一部“宗教法人法”。“宗教法人法”是管理宗教团体的，把它作为一个社会团体来管，跟一般的社会团体是一样的。我们现在很有意思，各地的佛教协会由宗教局来管，居士林却由民政局来管，它们是两个东西，就不一样了。居士林也是佛教信仰，但把它作为民间团体来管了。出家人同样也可以作为一个社会团体来管理，也就是宗教法人。这样的话，其实居士林也可以作为一个宗教法人，因为它是以宗教活动为内容的团体，以宗教活动为内容的团体就是宗教法人。这样的话，各个方面管理起来会比较省事。触犯了民法，按照民法来管，触犯了刑法，按照刑法来管，都是有法可依的，当然，现存的宗教里面有很多复杂的问题，所以要制定宗教管理条例，要规定宗教活动的场所。我们现行的宗教政策中规定的一些东西，从理论研究角度看可能并不合理，但现实的宗教现象中间又必须如此。这样就产生了学界、政界、教界三方面相互关系的问题。从我们现行的宗教政策来讲，我感觉到改革开放以后，宗教的政策上有很多变化，也有许多发展，特别是认识到宗教的长期性，认识到宗教是一种文化现象，是一种社会道德体系，总的来讲，为宗教的开放和发展提供了一种良好的氛围和环境。当然另一方面，由于宗教在目前情况下还有很多复杂的因素，所以在宗教的管理上面，还有很多需要很谨慎、很严格的地方，这是我们可以理解的。

在现行的政策体系下，是不是也可以让宗教来相互竞争呢？我们有些学者提出了“宗教市场论”，就是宗教也有竞争的问题。当然，宗教市场论的说法，有很多人不太认同，包括学界、教界都有不认同。我觉得其实这也是一个不可回避的问题，各个宗教都在争取各自的信徒，这和市场操作有一定的相似性。现在已经在讲宗教管理学，很多人认同了宗教里面也有管理学，特别是台湾佛光山，他们有很丰富的管理经验，也有很成功的经验，他们的管理学已经形成了一套理论和实践的经验，也得到了大家的认同。

市场论在西方的宗教研究里已经相当普遍了，但是在我们这儿并没能获得认同，这里面有个很大的问题。就拿佛教、儒家来讲，中国的传统是“姜太公钓鱼——愿者上钩”，没有西方宗教那种强烈的传教使命感。《礼记》里面有这样的说法："礼闻来学，未闻往教。"中国近代有一个大儒、理学家马一浮先生，当时一些大学请他去当教授，他不去，为什么？你要学，你来找我，向我学；我到大学去当教员，我不就是自己送上门去教人吗？这不行。儒家没有这样一种主动出击去传教的意识，佛教也不是很主动、很积极地去传教。在某种程度上讲，佛教的市场一天一天、一片一片地丢失了，而基督教发展壮大了，这是我们要承认的事实。

现在这个时代我们也要改变，我们有很多地方应该向基督教学习，基督教的那些传教士们，他们是哪儿艰苦到哪儿去，哪儿危险到哪儿去，所以他们一直在坚持走下层的民众路线，而我们的佛教有点越来越走上层路线的味道。我们有点市场意识并不一定是坏事，因为这个市场不像商业市场那样讲利益。

我觉得在这些问题上面，可能会有很多需要我们去思考的。我们既要从理论上弄清楚一些问题，又要从现实中看清这些问题，把现实中的问题、把现行的政策跟我们理论上面所获得的道理，更好地统一起来。在研究认识过程中，这里提到的两个关系也是比较重要的，解决不好的话就会产生很多问题，解决得好就会给我们整个的发展提供很好的环境。

中华文化的主体意识

在经济全球化的过程中，文化究竟是越来越一体化、趋同化，还是更应该注意保存文化的多元性？

在文化层面，我认为要有主体意识。如果缺乏主体意识，这个民族的灵魂就没有立足点。我们只有确立了自己的文化主体意识，才能够去跟其他的文化交流、对话，才能够去向别人学习和吸收。正因为我们自己的主体文化意识不坚定，或者不明确，所以对外来文化吸收也就非常盲目，进而对文化走向不明确。所谓的主体意识，其实就体现为对传统文化的自尊和自信。

近百年来，我们一方面是不停地在批判我们自己的传统文化，另一方面又不断削弱传统文化通过教育的传承，使人们对传统文化越来越不了解。

文化的核心首先体现在价值观念，西方文化比较重视个体的价值，而中国文化更多地重视群体的价值，强调个人利益服从群体利益。这种差异来源于不同的生命观。

中世纪以后，西方的生命观都有基督教的文化背景，认为每个个体的生命都是上帝创造的，你跟你的父母和兄弟姐妹一样都是上帝的子女，这些个体生命应该对上帝负责。

而在中国传统文化里，一直认为天地是一切生命的根源，所谓天地合气。阴阳之气一合，万物就生长，所以天地是生命的根源。而生命是分类的，每一类都有它自己的根源，就是祖先，天地是生之本，祖先是类之本，所以每个个体生命只是价值生命链中的一个环节，只有在整体的生命链中才能体现它的价值。个体生命有生有死，但族类生命是要不断延续的。我们常讲前人栽树，后人乘凉，中国人的这种生命观就是一个非常大的生命观，你做事情一定想到要给后人留有余地，应该给后人的发展创造更好的条件，而不是我这一代用完就完了。

文化还体现为思维方式。中国人的思维方式里有很多独特的东西，比如说，强调考虑问题要从全局出发，当各个部分集合成一个整体以后，整体里面的每一个部分都是其中的一部分，它跟其他的部分之间存在着有机联系，我们不能够再把它从整体中还原出来；强调我们思考问题、读书、倾听人讲话时，不要停留在语言文字的表面，而是要去体会语言文字所要表达的精神、含义，因为中国人讲文以载道，所以我们要去发现语言文字里面承载的道理；强调在动态中看待问题，而不是静止地看问题等。

中国传统文化以人文思维方式为主，它确实缺少像西方近代理性主义那样的科学思维方式，这是我们应该学习的。但是我们也要明白，实证科学思维模式到了20世纪相对论出现以后，发生了很大的变化，现代物理学中大量使用庄子所谓的混沌理论、模糊逻辑的理论，把中国的阴阳、道家的自然、禅宗的修禅这样的概念都用到现代物理学中去，科学的研究也已经不再是一个静态的研究，而是把很多动态的研究方式、思考方式关联进去。

我们现在很多人还留恋科学的、静态的、逻辑的线性思维模式，他们难以明白中国原来那种人文思路。所以说思维方式非常重要，我们现在要了解中国传统文化，要树立起中国传统文化的主体意识，首先必须改造我们的思维方式，或者说重新了解中国传统的人文方式。

文化还体现为生活样式，衣食住行的方式，以及信仰习俗等。不同文化背景下面的生活样式是不同的。不同的文化拥有不同的信仰以及不同的风俗习惯。

生活样式、信仰习俗都是可以看得见的，价值观念，思维方式相对来讲则是隐藏在背后的一种文化，这四个方面两两相生。比如说香港比内地洋化得多，但是他们的传统习惯方面又比我们深刻得多，他们的价值观念和思维方式变了，但是生活样式和信仰习俗的传统在很大程度上得以保留。而在我们内地，

“文化大革命”彻底从生活样式和信仰习俗两个层面铲除了传统的根子，人们的价值观念、思维方式都会受到影响。所以说，要真正树立起中国文化的主体意识，必须要从这四个层面来做，其中最重要的是要把它重新落实到我们的生活样式和信仰习俗里面去。

东方文化与现代生活

一

近年来，对东方文化在现代生活中的价值和意义的探讨，引起了越来越多的人的浓厚兴趣，成为世界学术界、思想界、宗教界的一个热门研究课题。

近几百年来，西方一直处于世界领先的地位，西方文化因而也就在世界上发生着广泛而深刻的影响，这是一个无可否认的历史事实。19世纪以来，由于当时的东方国家大多处于落后、贫弱的地位，而西方资本主义国家则是先进、富强的现成榜样，于是人们很自然地把先进、富强与西方文化联系在一起。因此，近一百多年来，所有的东方国家在摆脱落后、贫弱和走向现代化的奋斗进程中，无不积极地、大量地学习和吸收西方文化。从历史的、发展的观点来说，这种学习和吸收是完全必要的、合理的和进步的。但是，与此同时也明显地存在着一种文化论上的片面和失衡，即对西方文化的盲目推崇和对东方文化的妄自菲薄。长期以来，人们一味赞扬西方文化的优点而看不到它的短处，严厉批评东方文化的缺点而看不到它的长处，以致直至今天，在相当多的人的头脑中仍然潜伏着一种以唯西方文化为是、为优的思维模式，尤其是在自然科学理论、生产工艺技术等方面，人们更是奉西方文化为圭臬。

无可否认，如果仅从文化角度来说，当今世界物质生产的迅速增长，科学技术的高度发展，与西方文化中重视自然科学理论、重视改造自然环境等传统有一定的关系。丰富的物质生产和高度发展的科学技术，给一些发达国家中的部分人，提供了相当富裕的现代化生活，当前它正在成为其他不发达国家的人们所羡慕和追求的目标。因此，在世界现代生活中，人们追求西方（文化）化的倾向，比之于以往诚可谓有过之而无不及。

然而，人们是否冷静地思考过，如此迅速增长的物质生产和高度发展的科学技术，在给社会和人类造福的同时也会带来负面的影响呢？目前的事实是，当人们（一部分人）在享受富裕的物质和由先进科技提供的高度方便的现代生活的同时，却正在精神上和肉体上不同程度地经受着由这种现代生活给人类带来的种种病变的煎熬。

从现象上来说，现代生活中的种种病变有相当一部分与当今高科技的迅速发展有一定的联系。诸如：现代生活加剧了人与自然的对立。人们为满足自身的欲求，利用现代高科技为人类提供的有力手段，无限度地向自然界索取各种资源，进行掠夺性开发，从而严重地破坏了地球的生态平衡。而现代高科技提供的方便生活，也在很大程度上鼓励和养成一种浪费性的消费习惯。这种生活消费习惯，不仅浪费了大量宝贵的资源和财富，而且制造了大量的生产和生活废弃物，从而严重地污染了人类生存的自然环境。自然环境的污染，生态平衡的破坏，造成了全球性的气候反常。旱涝风雹灾害频发，怪病恶疾滋生蔓延，给人类生存带来了严重的威胁和烦恼。人类依仗着高科技，加速了对自然的征服、控制和支配，同时也正在更快速地受到自然的强烈反抗和报复。

无可怀疑，由于现代科技的发展，人们的生活和医疗条件等都得到了极大的改善，因而现代人的平均寿命也大大地提高了。然而，如果人们不能有效地解决生态平衡和环境污染的问题，那么能否长期保持现代人的健康长寿将是个问题，进而更为严重的是必将贻害子孙后代，大大缩短整个人类在地球上生存的历史。这也是今天摆在我们面前非常迫切的、应当认真思考的问题。

现代生活使得人与人之间的关系越来越疏远。现代通信手段的发达，缩小了地球世界，许多人与人之间的交涉或交往为电话、手机、电脑、网络所替代，因而也间隔了社会中人际间的直接感情交流。同时，在现代高科技提供的各种现代化生活手段的环境中，通过自动化设置，乃至电脑程序控制完全有可能把一个人的生活安排得十分周到舒适，因而也为个人封闭式（孤独）的生活方式提供了方便的条件。如此种种，进一步加深了现代社会生活中孤寂症的蔓延。

现代生活对于高科技和人为环境、手段的过度依赖，造成了一种人们始料不及的现实矛盾，即：人类征服自然的力量越来越强大，而适应自然的能力却越来越减弱。因此，只要人为环境中的任何一个环节出一点点小问题，都将使整个社会和个人生活陷于瘫痪。人们在现代生活中时刻处于一种极大的不稳定和不安全感之中。

现代生活的紧张节奏，造成人们生理上、心理上的严重失衡。这也是人们始料不及的：人类自己创造的现代高科技的广泛开发和应用，不单纯是一种征服自然的力量，反过来也成了控制和支配人类自身的一种强大力量。在精密、自动、高速的强制下，人只能听从机器或自动程序的安排，成为机器或程序的奴隶，生活变得紧张、机械、被动、单调、乏味。这种人类创造力的自我“异化”，使人们失去了越来越多的个体自我本有的种种主动和自由，由此产生了严重的自我失落感和对生活意义的种种迷惘。

如果从文化根源上来分析，人们在现代生活中所经受的种种病变和煎熬，与现代人的价值取向有着密不可分的联系。而其中，以无限度地追求物质增长和一切以自我为中心二者联系最为密切，影响最为深远。

追求物质增长和生活享受已是现代人的主要人生目标，在一些人那里甚至是唯一的目标。在这样的价值观念支配下，一切都只是为了功利，为了纵情享乐。因此，自然和科技只不过是达到人们某种功利和享受的环境、资源、工具和手段，可以不顾一切后果地去利用它、攫取它，甚至连他人也和物一样，只不过是一种资源或手段，是一种相互利用的关系而已。于是，人与自然的关系，人与人的关系，都被严重地扭曲了。这才是上述人与自然的对立和人与人关系疏远（或对立）急剧加深的深层根源之所在。

这里所说的以自我为中心包含两个不同方面的意义。第一是指与上述追求物质增长和生活享受联系在一起的，即一般伦理意义上所谓的个人主义或利己主义。它的膨胀将导致社会上的严重的人格危机。而且这种（外在的）以自我为中心，其结果却往往是落得个（内在的）自我失落。第二是指与自然相对的人类自我中心。它的膨胀则导致人类任意地控制和支配自然万物。其结果则如上所述，不断地、越来越迅速地遭受到自然的强烈反抗和严厉报复。又，诚如一些学者所指出的，在人与自然关系中的以人（我）为中心（人类中心主义），从某种意义上说，也可以说是人的一种利己主义的自我陶醉。

必须指出，现代生活中的种种病变首先与社会的经济、政治制度有着根本的联系，同时也与一定的文化价值取向有着密切的关系。同样无可讳言的是，上述的种种社会病变，大都与西方文化的某些基本观念、思维方法和价值取向等有着直接的关系，至少也可以说，它与盲目地、片面地理解和接受西方文化有关。

二

东方文化（尤其是中国文化中的儒、释、道）对防止和医治现代生活中的种种病变，大有启发和可借鉴之处。诸如：中国的儒、释、道三家，都十分强调人与自然和谐一体的思想。他们认为，人与天地万物同为一气所生，互相依存，具有同根性、整体性和平等性。如《庄子·齐物论》中说："天地与我并生，而万物与我为一。"儒家倡导"仁民爱物"，如宋代著名哲学家张载说："民吾同胞，物吾与也"（《正蒙·乾称篇》），着意强调万物与人为同类（"与"），应当推己及物。理学的创始者之一程颢也说："人与天地一物也"（《河南程氏遗书》卷第十一）。而其弟程颐更反复声称："仁者以天地万物为一体""仁者浑然与万物同体"（同上，卷第二上），等等。汉儒以阴阳五行说大讲天人感应，其间附会于社会历史、政治、人事等方面者多有可探讨之处，东汉著名思想家王充也曾尖锐地批判过（见《论衡》一书）。然其被吸收于医学中者，则成了中医认为自然环境与人的健康和疾病密切相关的重要基础理论。中医认为，人与自然的和谐状态的破坏或失调，是人得病的最主要的原因之一。反之，保持人与自然的和谐，是保证人的健康的最重要的因素之一。体现于中医的治疗中，则无论是诊断还是处方，都首先参之以时令节气，乃至于严格到选择药材之产地产时。这种把人类健康与自然环境联系起来的观念，是完全符合事实的科学的理论。同时，这种观念也告诉人们，为了人类自身的健康，必须要全力保护人类赖以生存的地球自然环境。这在当今世界尤其有十分重要和积极的意义。此外，儒家还有许多关于合理利用自然资源和节约消费的思想，也是值得我们今天借鉴的。

佛教提倡“护生”，道家主张自然无为，在人与自然的关系上，他们都强调不为不恃，因任自然。这种对自然的态度，就其消极一面讲，诚如荀子所批评的，是“蔽于天而不知人”(《荀子·解蔽》)，即忽视乃至放弃人的主观能动性。不过，“因”的思想并不完全只是消极的，它至少包含着这样两方面的合理因素：一是不以主观的好恶或意愿，随意地去违反或破坏自然及其规律，而遭到自然界的报复；二是主动地去适应不断变化的环境。“因”中其实包含着某种“权变”“因时而变”的思想，所以一些道家思想家强调说：“人各以其所知，去其所害，就其所利”，“故忤而后合者，谓之知权；合而后忤者，谓之不知权。不知权者，善反丑矣。”(《淮南子·氾论训》)这句话的意思是说，看起来与原来的环境不合，却与变化了的环境相合，这叫作懂得权变；相反，就是不知权变。不知权变者，好事也会变成坏事。

以上只是列举了很小一部分中国传统文化中关于保持人与自然和谐关系的思想，然如能灵活地吸取其精神，反思我们今日对待自然的态度，那么对于缓解当前人与自然的紧张对立状态，亦是不无裨益的。

儒家的修身养性理论中的一个重要目标，就是要培养一种与他人和社会群体和谐、协调的道德品格。儒家提倡“己欲立而立人，己欲达而达人”(《论语·雍也》)，以及“老吾老以及人之老，幼吾幼以及人之幼”(《孟子·梁惠王上》) 等“推己及人”的精神，至今也还是一种值得倡导的个人品德和社会风尚。

不少人认为，东方传统文化（特别是儒家）忽视（或压制）个性和个人（自我）的权利、价值。这是有一定的历史根据和道理的，但问题并非如此简单。当我们冷静地、深入地思考一下就会发现，在人类社会中，任何一个个人都不可能离开他人和群体而存在，自我只有在为他我、群体的奉献中，只有在得到他我和社会群体的认可时，才会凸显出个人（自我）的存在和价值。因此，儒家强调献身群体和社会，并非只是消极地否定自我。相反，如果我们能从积极方面去理解其精神，那么个人对他人和社会群体的奉献，正是实现自我价值、养成完美人格的正确途径。人们以崇敬仰慕之意，千年不绝地传颂着宋代名臣范仲淹的不朽名句：“先天下之忧而忧，后天下之乐而乐”，这不正反映了人们对于那些能够把自己献身给社会群体利益的个人的价值的高度肯定吗？不正反映了人们殷切期望社会涌现出更多具有这种品德的人的心愿吗？

目前，不仅在东方，而且在西方，尤其是在那些经济发达的国家，一股学习禅佛教的热潮正在升起。许多西方的禅学者，已不再像过去那样把禅看作是什么“东方神秘主义”了，他们开始注意和研究禅的各种教理与禅的根本精神之所在。学禅打坐不仅能治病健身，调解人体生理上的失衡（这只是对禅的低层次上的了解和作用）；更重要的是，对于那些信禅学禅的人来说，它能在相当的范围和程度上调解人们心理上的失衡。禅学从一个方面揭示了自我的本性，着重揭示了造成人生痛苦、烦恼的主观自我方面的原因，并且探求了如何让自我从怨天尤人、受命于环境的被动中摆脱出来，而通过自我主动的努力去解除种种痛苦和烦恼，做自我的主人翁，等等。如上所分析的，禅学的这些探求正是现代人精神上最渴求得到的东西。加之禅佛教不离人伦日用的世间性格、坚忍不拔的实践精神、自我去缚的解脱主权和当下顿悟的超越喜悦等，禅佛教的世界性热潮方兴未艾。

俗话说：“人贵有自知之明。”此语源于《老子》第三十三章：“知人者智，自知者明。”“知人”与“自知”相比较，何者更为困难呢？先秦法家代表韩非认为：“故知之难，不在见人，在自见。故曰：‘自见之谓明’。”（《韩非子·喻老》）著名玄学家王弼也说：“知人者，智而已矣，未若自知者，超智之上也。”

知人者智，自知者明；
勝人者有力，自勝者強。
知足者富。

錄自道德经三十三章

樓宇烈

己丑秋

（《老子道德经注》）由此看来，他们都认为，一个人要认识自己，比之于认识别人要困难得多。我完全同意他们的见解。在大多数人中，在大多数情况下，往往就是如此，亦正所谓“旁观者清，当局者迷”。推之于人类自身和客观自然之间，我们可以看到，情况与此相类。也就是说，相对而言，人类对于自身的认识要比对客观自然的认识困难得多。我在一篇短文中曾经发表过这样一番感慨，我说：人作为万物之灵，对于客观物质世界的认识，大而至于外空星系的宏观，小而至于量子真空的微观，在今天都已达到了相当的深度，并且对进一步去认识它和把握它充满了信心。而与此相比，人对自我的认识，特别是对自我精神世界的认识，则还相当肤浅，愚暗不明。至于通过对自我的认识，来自觉地把握自我的精神世界，这对于多数人来说，更是难之又难了。另外，我还提到，人类在认识自然、改造自然的同时，也有一个自我认识的问题。特别是当人类征服自然的力量越来越强大的时候，人类更需要对自我有一个清醒的、正确的认识。然而，这也是比认识自然更为困难的事情，或许还可以这么说，人类至今在自知方面尚不是很明。如上所说，人类依仗着高科技，加速了对自然的征服、控制和支配，同时也正在更快速地受到自然的强烈反抗和报复。在这种紧张的关系中，难道人类不应当认真地自我反思一下吗？我认为，在人与自然的关系中，人是主动的、能动的一方，因此也是关键的一方。换言之，关键在于人类要对自我有一个恰如其分的认识，并由此而进行自觉的自我节制。

人们都知道，一个人的言行是受他的“心”（头脑、思想）支配的，一个人心念的变化会影响到他言行的变化。荀子尝说：“天有其时，地有其财，人有其治”（《荀子·天论》），这是告诉我们说，人是参与到天地生养万物的进程中的。而人的这种参与还不是一般的参与，在《礼记·礼运》篇中有这样一句话：“人者，天地之心也。”这是告诉我们，人在天地万物中的地位，就像心在人体中的地位。人心一动，人的言行就会发生变化，以此推论，人的心念、行为的变化，也一定会引发天地万物进程的变化。正因如此，人类更应当对自我有一个充分的认识，并由此而进行更自觉的自我节制。

《老子》第三十四章说：“大道泛兮，其可左右。万物恃之以生而不辞，功成而不有，衣养万物而不为主。常无欲，可名于小；万物归焉而不为主，可名为大。以其终不自为大，故能成其大。”这段话是很值得细细体会的。我们对于人类的力量和个人能力的认识，是否也应抱这样的态度？人和个人既要能认识自己的大，也要能认识自己的小，要能不以大自居，不以小自卑。然而，这并不是一件容易做到的事。人的自我失落，大都来自于自然和他我的不融洽、不协调，而其根本则还是在于自我本身，即不是由于只见自我之小而妄自菲薄，就是由于只见自我之大而盲目尊大，也就是说，不能恰如其分地认识自我，缺乏自知之明。

《金刚经》说："是法平等，无有高下，是名阿耨多罗三藐三菩提（意谓无上正等正觉）。"这句话也是很可以借用的。如果能以平等心去认识自我、认识他我、认识自然万物，破除各种偏见和执着，将有助于克服自我与他我、个人与群体、人类与自然之间的分离和对立，融自我于他我、群体和自然之中，得自我之"大解脱"。

随着东方世界走向现代化，应当引起我们对于东方文化的历史反思；通过历史的反思，应建立起我们对于东方文化的自觉、自尊和自信。我相信，随着人们对东方文化了解的不断深入，东方文化将在人们的现代生活中产生越来越广泛和深远的影响。让我们团结合作，共同努力，积极开发东方文化这座宝库，务使东方智慧日进日新，在显示其古老光辉的同时，展现出它崭新的现代风采，为人类更美好的未来做出它应有的贡献。

附　录　楼宇烈先生著作目录（1979—2020）

赵威维编制

编辑凡例

本著作目录收录楼宇烈先生自1979年至2020年间，以中文发表刊载之著作为主，另有翻译转载于日本、韩国之文章。文献类型包含“古籍校注”“论文集、文集”“编纂成果”“论文”等四类，收录条目157条。各类条目依出版年月先后排列。

因楼宇烈先生著作宏富，篇幅所限，本目录所录之书籍不列子目，且原发表于报纸期刊，后收录论文集者不再列出。如《论中国传统文化的人文精神》原载于《国学研究》《人民日报》，后收入《温故知新——中国哲学研究论文集》《中国文化的根本精神》，已收入论文集，故不列出。此部分约有107条。

“编纂成果”多为集体编写，书中各篇之作者不易分辨，若序言、正文、后记之中有可确认为楼宇烈先生撰写者，则于此书目下列出篇目，不再注明作者。

“论文”收录刊载于学术期刊、论文集、报纸，署名为楼宇烈先生之文章。本类条目依文章主题分为10小类。若一篇在不同出版物刊载时题名不同，取最初刊载之篇名，列出刊载时间，并依是否改题、增删、转译加备注说明。

五、本目录所集条目依据各大图书馆与数据库查找所得，然楼宇烈先生著作等身，发表形式众多，仅依据各图书馆及数据库搜集整理定然有所缺漏，待日后修订时再行补充。

一、古籍校注

1.《荀子新注》，北京大学《荀子》注译组，中华书局，1979年版，2018年版（署名“楼宇烈主撰”）；台北里仁书局，1983年版。

2.《王弼集校释》，〔魏〕王弼著，楼宇烈校释，中华书局，1980年版，2009年版；台北华正书局，1981年版，1983年版（书名为《老子周易王弼注校释》），1992版，2006年版。

3.《论语注》，康有为著，楼宇烈整理，《康有为学术著作选》，中华书局，1984年版。

4.《孟子微·礼运注·中庸注》，康有为著，楼宇烈整理，《康有为学术著作选》，中华书局，1987年版。

5.《长兴学记·桂学答问·万木草堂口说》，康有为著，楼宇烈整理，《康有为学术著作选》，中华书局，1988 年版。

6.《康子内外篇（外六种）》，康有为著，楼宇烈整理，《康有为学术著作选》，中华书局，1988 年版。

7.《诸天讲》，康有为著，楼宇烈整理，《康有为学术著作选》，中华书局，1990 年版。

8.《春秋董氏学》，康有为著，楼宇烈整理，《康有为学术著作选》，中华书局，1990 年版。

9.《康南海自编年谱（外二种）》，康有为著，楼宇烈整理，中华书局，1992 年版。

10.《老子道德经注校释》，〔魏〕王弼注，楼宇烈校释，《新编诸子集成》，中华书局，2008 年版。

11.《周易注校释》，〔魏〕王弼注，楼宇烈校释，中华书局，2018 年版。

二、论文集、文集

12.《中国佛教与人文精神》，宗教文化出版社，2003 年版。

13.《温故知新——中国哲学研究论文集》，商务印书馆，2004 年版。

14.《中国的品格：楼宇烈讲中国文化》，当代中国出版社，2007 年版；南海出版公司，2009 年版（书名为《中国的品格》）；四川人民出版社，2015 年版（书名为《中国的品格》）。

15.《十三堂国学课》，北京大学出版社，2008年版。

16.《卓越领导国学讲堂（一）》，骆建彬主编，北京大学出版社，2009年版。

17.《人文立本——楼宇烈教授访谈录》，李四龙编，北京大学出版社，2010年版。

18.《宗教研究方法讲记》，法祇、陈探宇、熊江宁整理，北京大学出版社，2013年版。

19.《花开莲现：〈心经〉大智慧》，中华书局，2016年版。

20.《中国文化的根本精神》，中华书局，2016年版。

21.《国学百年启示录》，济南出版社，2020年版。

22.《体悟力：楼宇烈的北大哲学课》，焦雅君编选，中华书局，2020年版。

23.《中国人的人文精神》，北京联合出版公司，2020年版。

24.《中华文化的感悟》，商务印书馆，2021年版。

三、编纂成果

25.《中国哲学史》，北京大学哲学系中国哲学教研室，中华书局，1980年版；北京大学出版社，2003年版。

26.《中国大百科全书·哲学卷》，中国大百科全书出版社，1985年版（撰写其中25个条目）。

27.《中国现代学术经典·太虚卷》，楼宇烈、周学农编校，河北教育出版社，1996年版。

28.《中国现代学术经典——杨文会、欧阳渐、吕澂卷》，楼宇烈、裴勇、程恭让、张志强编校，河北教育出版社，1996年版。

29.《东方文化大观》，楼宇烈主编，安徽人民出版社，1996年版。

30.《东方哲学概论》，楼宇烈主编，魏常海、姚卫群、沙宗平编著，北京大学出版社，1997年版。

31.《中外哲学交流史》，楼宇烈、张西平主编，湖南教育出版社，1998年版。

32.《中外宗教交流史》，楼宇烈、张志刚主编，湖南教育出版社，1998年版。

33.《中日近现代佛教的交流和比较研究》，楼宇烈主编，宗教文化出版社，2000年版。

34.《二十世纪中国人文学科学术研究史丛书·哲学专辑》，楼宇烈主编，福建人民出版社，2005—2006年。

35.《中华文明史》第四卷，楼宇烈主编，北京大学出版社，2006年版。

36.《当代中国宗教研究精选丛书：佛教卷》，楼宇烈主编，民族出版社，2008年版。

37.《三时文库》，楼宇烈、怡学主编，国家图书馆出版社，2017年版。

38.《南海佛教与海上丝绸之路学术研讨会文集》，楼宇烈主编，陕西人民出版社，2018 年版。

四、论文

（一）中国传统文化综论

39.《不无遗憾》，《读书》，1985 年 6 期。

40.《择儒学之善者，为现时代服务》，《书林》，1990 年 3 期。

41.《唤醒“自然合理”的中国文化主体意识》，《中国社会科学院院报》3 版，2007 年 3 月 27 日。

42.《国学百年启示录》，《大国策：通向大国之路的中国软实力 国学热与文化传承》，人民日报出版社，2009 年版。

43.《“文化之研究乃真理之讨论”——读汤老两篇旧文》，《汤用彤学记》，生活·读书·新知三联书店，2011 年版。

44.《树立文化自信首先要认识文化多样性》，《博览群书》，2014 年 10 期。

45.《增强中华文化主体意识》，《人民日报》7 版，2015 年 2 月 6 日。

46.《传统文化的根本精神是自我管理》，《时事报告》，2016 年 10 期。

47.《找回自我》，《民主与科学》，2017 年 1 期。

48.《保持自己的文化主体意识》，《雷锋》，2017 年 9 期。

49.《孝文化缺失是民族的悲哀》,《养生大世界》, 2017 年 12 期。

50.《文化振兴才能让国家真正强大》,《儒家文化与中华优秀传统文化》, 齐鲁书社, 2018 年版。

51.《文化, 要实现人的自觉自律》,《精神文明导刊》, 2019 年 2 期。

52.《中华优秀传统文化的核心思想》,《人民教育》, 2020 年 Z3 期。

（二）中国传统文化的人文精神

53.《中国文化的人文精神》,《中华遗产》, 2007 年 8 期。

54.《文化素质与人文修养》,《人文通识讲演录 · 人文教育卷》, 文化艺术出版社, 2007 年版。

55.《中国传统文化中的人文精神》,《现代国企研究》, 2011 年 3 期。

56.《中华人文精神的两大传统》,《党政论坛（干部文摘）》, 2016 年 9 期。

57.《中华文化的人文精神》,《秘书工作》, 2017 年 4 月。

58.《中国文化阐释要以“人”为本》,《中国文化研究》, 2017 年 4 期。

59.《人本思想为中国文化注入了什么》,《新华日报》3 版, 2018 年 2 月 19 日。

60.《人文精神与文化自信》,《清华管理评论》，2018年Z2期。

61.《人文精神及其重塑》,《中央社会主义学院学报》，2020年6期。

（三）中国传统宗教文化

62.《漫谈儒释道“三教”的融合》,《文史知识》，1986年8期。

63.《中国の伝統文化における三教融合の問題について》，[日]馬淵昌也譯,《東洋学術研究》，27卷1期，1988年。

64.《“合而不同”的儒释道》,《现代国企研究》，2011年7期。

65.《中国宗教的特点》,《中国宗教》，2014年1期。

66.《佛教中国化的启示》,《中国宗教》，2016年10期。

67.《中国传统文化与宗教——兼谈中国伊斯兰文化的特质与定位》,《中国穆斯林》，2017年4期。

68.卓新平、楼宇烈、李大纲、吴云贵:《中华文化与宗教中国化学者四谈》,《中央社会主义学院学报》，2017年5期。

69.《中国文化整体视域下的宗教学研究》,《中国文化研究》，2018年1期。

（四）中国传统教育

70.《教师的任务——传为人之道，授为学之方，解偏蔽之惑》,《中国教师》，2016年2期。

71.《做教师要有爱心和耐心》,《中国教师报》14 版,2016 年 3 月 23 日。

72.《诚敬内心与敬业乐群》,《中国教师》,2016 年 9 期。

73.《学校教育要引导学生重视人伦亲情》,《中国教师》,2016 年 11 期。

74.《学校应是家礼的教育和实践场所》,《中国教师》,2016 年 13 期。

75.《文化要"走出去",首先是要"走回来"》,《中国教师》,2016 年 19 期。

76.《传统教育的教育理念、教学步骤和教育思想》,《中国教师》,2016 年 21 期。

77.《读书＝做人》,《民主与科学》,2016 年 6 期。

78.《有感于"三不":不苟为、不刻意、不执着》,《中国教师》,2017 年 5 期。

79.《现代书院要着力重振人文教育》,《中国教师》,2017 年 8 期。

80.《国学漫谈》,《教育史研究》,2017 年 4 期。

81.《在生活实践中传承文化》,《中卫日报》6 版,2018 年 5 月 31 日。

82.《博学明理 读经史子集》,《政策》,2018 年 8 期。

83.《传统文化教育的关键》,《商周刊》,2019 年 2 期。

（五）中国传统艺术文化

84.《〈牡丹亭〉中的情与理》,《中国哲学》，1993年在日本中国哲学会年会发表。

85.《艺术要有鲜明的社会伦理内容》,《中国艺术报·书缘》3版，2007年2月9日。

86.《日本东京大学的昆曲藏书》,《昆曲纪事》，语文出版社，2010年版。

87.《纪念洪昇〈长生殿〉发表三百周年》,《昆曲纪事》，语文出版社，2010年版。

88.《对于继承和发扬昆曲艺术的几点想法》,《昆曲纪事》，语文出版社，2010年版。

89.《复社三十年感言》,《昆曲纪事》，语文出版社，2010年版。

90.《深切怀念俞平伯先生》,《昆曲纪事》，语文出版社，2010年版。

91.《记纪念欧阳予倩先生逝世20周年“同期”活动》,《昆曲纪事》，语文出版社，2010年版。

92.《中国文化中的道与艺：由艺臻道 以道统艺》,《群言》，2014年6期。

（六）儒家、道家与玄学

93.《原始道教——五斗米道和太平道》,《文史知识》，

1984年4期。

94.《〈万木草堂口说〉整理杂谈》,《古籍整理与研究(第一期)》, 上海古籍出版社, 1986年版。

95.《一种协调个人与社会关系的理论: 玄学的名教自然论》,《北京社会科学》, 1993年2期。

96.《老子“道”的原义及其理论和实践意义》,《哲学门》, 2005年6卷1期。

97.《自然无为在管理中的运用》,《金融管理与研究》, 2007年8期。

98.《荀子的社会理想》,《文津演讲录之六》, 北京图书馆出版社, 2007年版。

99.《祭天与“天人合一”思想》,《中华遗产》, 2008年1期。

100.《君子的意义与德行》,《道德与文明》, 2016年6期。

101.《中国的品格之三玄要义》,《民主与科学》, 2017年3期。

102.《从中国儒学的历史展望未来》,《商业文化》, 2019年9期。

103.《体不离悟, 悟不离体》,《北京日报》11版, 2021年1月11日。

(七)佛学

104.《大乘佛教与小乘佛教的区别以及在中国流行的情况》,《古代礼制风俗漫谈(二)》, 中华书局, 1986年版。

105.《佛教的和平精神》,《国际政治研究》，1989 年 4 期。

106. 楼宇烈等:《〈宗门武库〉注释、讲解》,《禅》，1990 年 3 期。

107.《胡适的中古思想家史研究述评》,《中国哲学》(第十五辑)，岳麓书社，1992 年版。

108.《胡适读禅籍题记、眉批选》,《胡适研究丛刊》(第一辑)，北京大学出版社，1995 年版。

109.《部派佛教“自性清净”说述要》,《周绍良先生欣开九秩庆寿文集》，中华书局，1997 年版。

110.《大乘佛教的慈悲精神与智慧解脱》,《上海佛教》，1999 年 3 期。

111.《深具意义的两岸禅学研讨会》,《佛藏》16、17 期，台湾佛藏杂志社，2000 年版。

112.《期待能吃苦的孩子——佛学院、佛教大学的环境“太好了”》,《佛藏》16、17 期，台湾佛藏杂志社，2000 年版。

113.《大乘佛法的悲智精神与人间佛教》,《佛学研究》，2003 年。

114.《法显译〈佛说大般泥洹经〉与佛性说的传播》,《萧萐父教授八十寿辰纪念文集》，湖北教育出版社，2004 年版。

115.《禅茶一味道平常——赵州大师“吃茶去”公案的现代阐释》,《中国禅学（第三卷)》，中华书局，2004 年版。

116.《印顺法师的人间佛教思想》,《印顺长老与人间佛教——海峡两岸佛教学术研讨会（第五届）大会手册、会议论文》，台湾佛光山文教基金会，2004年版。

117.《普贤行愿与大乘佛教的修证》，《普贤与中国文化》，中华书局，2006年版。

118.《“空”的哲学》，《人文通识讲演录·哲学卷（一）》，文化艺术出版社，2007年版。

119.《佛教与现代社会》，《世纪大讲堂》第13辑，辽宁人民出版社，2007年版。

120.《禅与生命体悟》，《晚霞》，2007年12期。

121.《永远弘扬玄奘精神》，《第三届玄奘国际学术研讨会论文集》，四川辞书出版社，2008年版。

122.《发展佛教事业 促进两岸和谐》，《文化 教育 慈善——慈航菩萨圣像回归祖庭系列活动之首届慈航菩萨学术研讨会论文集》，厦门大学出版社，2008年版。

123.《达摩二入四行说杂谈》，《庞朴教授八十寿辰纪念文集》，中华书局，2008年版。

124.《正确认识佛教》，《晚霞》，2009年6期。

125.《真佛心头坐——读一诚大和尚无杂相心得》，《中国宗教》，2010年1期。

126.《人生佛教生活禅》，《河北学刊》，2011年4期。

127.《当代中国南传佛教研究的几点建议》，《西南学林》，2016年（上）。

128.《菩萨精神与慈济宗门》,《慈济宗门的普世价值》，台湾经典杂志出版社，2017 年版。

129.《佛门应当“净、静、敬”》,《人民政协报》8 版，2018 年 7 月 12 日。

130.《禅宗到底有什么意义》,《意林文汇》，2018 年 10 期。

（八）中医与传统文化

131.《中医与传统文化》,《北大讲座》(第 15 辑)，北京大学出版社，2007 年版。

132.《哲理养生》,《杂文月刊（选刊版)》，2009 年 6 期。

133.《树立中医主体意识　发扬中医人文特色》,《中国社会科学报》3 版，2010 年 4 月 13 日。

134.《中国文化的生生之学》,《中医药文化》，2014 年 3 期。

135.《从中国哲学根本特征认识和理解中医》,《中医药通报》，2015 年 5 期。

136.《东方思维方式下的中医人文》,《中国医学人文》，2017 年 12 期。

137.《应以直觉智慧建立中医的人文标准》,《中国哲学史》，2018 年 1 期。

138.《不懂中医就把握不住中国哲学根本特征》,《意林文汇》，2018 年 8 期。

139.《中医的人文内涵及其意义》,《中国文化研究》，2018

年 2 期。

140.《关于中医的“中”》,《中国医学人文》, 2018 年 6 期。

141.《不能把中医视为单纯的疾病医学》,《上海支部生活》, 2020 年 7 期。

142.《中医是一种生命哲学》,《北京日报》12 版, 2020 年 3 月 16 日。

143.《整体关联 动态平衡 顺应自然——中医药学的独特思维方式》,《人民日报》15 版, 2021 年 4 月 29 日。

(九)中国文化与东亚文化

144.《东方智慧的魅力》,《学者论大学生的知识结构和智能》, 北京大学出版社, 1992 年版。

145.《栗谷经学思想研究》,《亚文——全球化时代的民族文化》(第二辑), 中国社会科学院出版社, 1997 年版。

146.《东方理学宗祖, 淑世儒林楷模——郑梦周与韩国性理学》,《风流与和魂》, 沈阳出版社, 1997 年版。

147.《圃隐诗拾遗》,《风流与和魂》, 沈阳出版社, 1997 年版。

148.《东亚现代化与东方文化的历史反思》,《企业导报》, 2006 年 5 期。

149.《东方文化与现代生活》,《国际汉学》, 2016 年 4 期。

（十）传统文化与现代生活

150.《正确对待中国传统文化——论传统文化与现代化的关系》,《坚持四项基本原则反对资产阶级自由化干部读本》，北京出版社，1990年版。

151.《向西方学习与弘扬民族文化》,《探索与交流》，1990年4期。

152.《我的创新与财富观》,《中国青年科技》，2000年Z2期。

153.《在深刻反思中走向近代文明——16世纪至20世纪初中国文明的发展与转型》,《国学研究（第十二卷）》，北京大学出版社，2003年版。

154.《传统文化的瓶颈和出路》,《慧思书院学刊》创刊号，2007年2月。

155.《互联网要传播中国文化的根本精神》,《商业文化》，2016年19期。

156.《跟世界交流 要有自己文化的主体》,《精神文明导刊》，2020年5期。

157.《中西文化的关键性差别》,《中学语文》，2020年17期。

后　记

从事哲学宗教学研究工作多年，深感东西方文化在类型上的差异有必要予以深入梳理，当然这一努力并不否认东西方文化在根本上所具有的相通性。在诸多文化类型差异中，宗教文化的类型差别是较为重要的。在这方面，楼宇烈先生多次呼吁应有文化主体精神，探求合乎东亚文化传统的宗教学研究理论。事实上，楼先生不仅倡导人文宗教，还在各种场合对中国的人文信仰进行阐释。

是以，笔者在学习、理解的基础上，将楼先生的相关论述汇集成册，以飨学界同仁。

在汇集过程中，最开始的时候还设计了一个逻辑框架，在请教楼先生的意见之后，本书不再追求这种理论上的结构性。

鉴于楼先生相关人文宗教的论述甚多，本书并没有予以全部整合，而是更加侧重中国信仰人文特质的通识普及。为了读者后续检索方便，本书还附录了“楼宇烈先生著作目录（1979—2020）”。

在汇集过程中，特别感谢中国政法大学宗教学硕士研究生史晓琳、钟祺琪在资料梳理方面所付出的辛苦劳动。在书籍出版过程中，特别感谢中国大百科全书出版社曾辉先生以及特约编辑徐国萍女士所倾注的心血。

“上薄拜神教，下防拜物教”，楼先生平生论学实以人文立本。在此，人文是具有文明核心价值意义的，人文所具有的终极意义、超越精神在文明对话中能够得到更为自觉的凸显。“周虽旧邦，其命维新。”在古老中华大地上所发生的故事，在未来人类世界还会继续谱写它的辉煌。人文所具有的价值，在科学时代定会展现它应有的精彩。

孙国柱

2021 年 6 月 25 日于北京昌平